Foreign Devils
on
the Silk Road
劫掠丝绸之路

[英]彼得·霍普柯克 著　　张湘忆 译

The Search for the Lost Cities and Treasures of
Chinese Central Asia
Peter Hopkirk

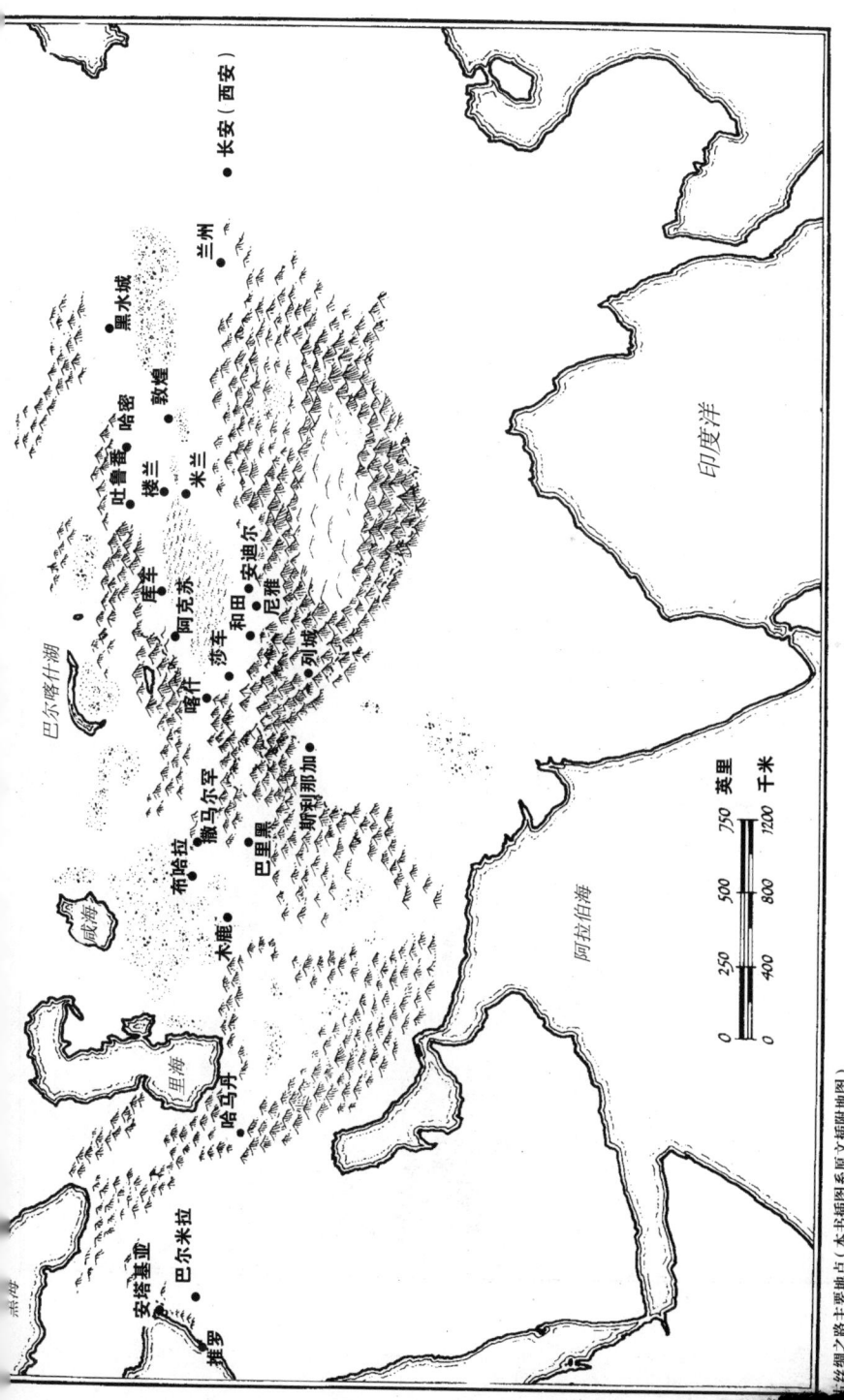

丝绸之路主要地点（本书插图系原文插附地图）

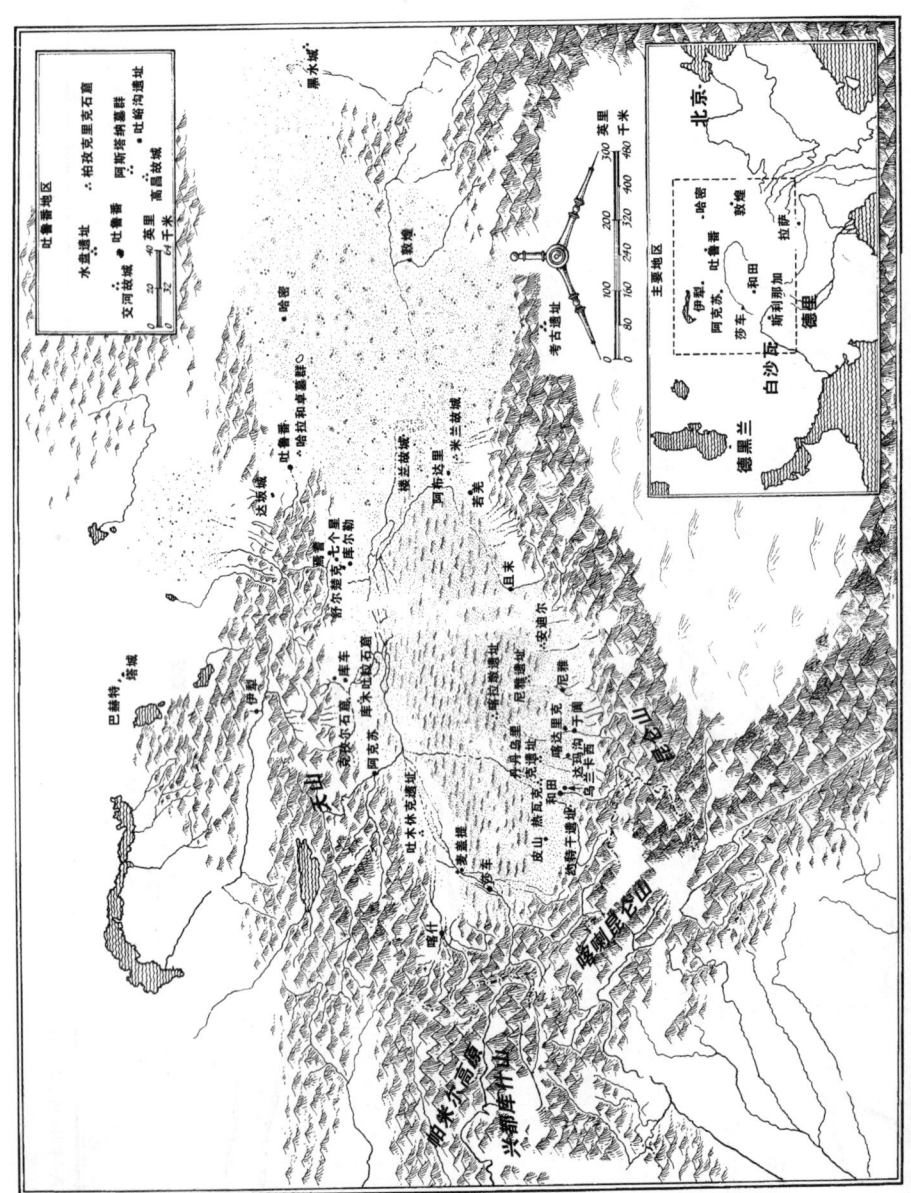

目 录

自 序 / 1

第一章　丝绸之路的兴起与衰落 / 1
第二章　塔克拉玛干沙漠中的失落之城 / 25
第三章　古本大战 / 37
第四章　斯文·赫定：探路者 / 47
第五章　奥里尔·斯坦因：非凡的寻宝者 / 63
第六章　大发横财的斯坦因 / 77
第七章　揭露伪造者 / 95
第八章　激烈角逐开始 / 109
第九章　冯·勒柯克抛硬币 / 123
第十章　"新疆最精美的画……" / 133
第十一章　中国垃圾堆的秘密 / 145
第十二章　敦煌：藏经洞 / 159
第十三章　伯希和：温和的树敌艺术 / 181
第十四章　丝绸之路上的间谍 / 195

第十五章　兰登·华尔纳尝试难以置信之事 / 215
第十六章　中国人关上大门 / 231

出版后记 / 249

自 序

"中国人怨声载道而且外国人没法否认的是，一车车来自中国新疆的庙宇、墓穴和废墟的稀世之宝被外国博物馆抢走。中国则永远失去了这些奇珍异宝。"埃里克·台克满爵士（Eric Teichman）在《新疆旅行记》（Journey to Turkistan）中如是写道。1935年他受英国政府派遣赴新疆考察。此书正是对英国外交使团沿古丝绸之路游历的记述。他补充道："当读到书中关于外国旅行者描述他们怎样在中亚抢走整个藏经阁的古代写本、壁画和早期佛教文化的古物的时候，中国人就怒火中烧。"

我的这本书旨在讲述四分之一个世纪中，外国人长驱直入，在中亚这偏远的一隅进行长期的考古掠夺。重点是以下六个人——来自瑞典的斯文·赫定（Sven Hedin）、英国的奥里尔·斯坦因爵士（Sir Aurel Stein）、德国的阿尔伯特·冯·勒柯克（Albert von Le Coq）、法国的保罗·伯希和（Paul Pelliot）、美国的兰登·华尔纳（Langdon Warner）和稍微有点神秘的来自日本的大谷光瑞伯爵（Count Otani Kozui）。

其间他们简直是成吨地从丝绸之路失落的城市中拿走壁画、写本、雕塑和其他宝藏，直到后来中国人才开始制止。如今，令中国人愤愤不平又懊悔，也让学者们激愤的是，这些伟大的中亚收藏品散落于13个国家的博物馆和机构。一些地方自始至终态度怠慢或资金短缺，导致藏品早已破损碎裂，许多还不翼而飞或受到摧毁。倘若要饱览尚存的每一个物件，那必须盘算一趟旅行，去往印度、日本、俄罗斯、美国、韩国、瑞典、芬兰、德国、英国、法国和中国，参观超过30家机构。

那些抢走所有这些东西的人不曾对自己所作所为的正当性存有半点疑虑。派他们去干这些事的政府或机构（包括大英博物馆）也从没有受到良心的谴责。当时那些人因为发现那些引人注目的东西，以及对中亚和中国学术研究无可争议的贡献而成为名人，并获得殊荣。斯坦因和赫定甚至获封了爵士称号（他俩都不是在英国出生的）。另一方面，中国人从截然不同的角度来看待这些人的考古活动，但却丝毫没采取行动阻止他们。对中国人来说，像斯坦因、伯希和、冯·勒柯克这些所谓的"学者"，充其量是无耻打劫中国历史的冒险家。此外，在这一问题上，中国人并非没有来自西方国家的支持者。

继台克满之后又过去30年，另外一位不寻常的英国旅行家巴兹尔·戴维森（Basil Davidson）在1956年也沿着古代丝绸之路抵达了这个地区。他在柏孜克里克（Bezeklik）目睹曾经一度惊艳的壁画如今已然变成白墙。在他的游记中，戴维森详细叙述,中国官员如何领着他参观悬崖上凿岩而成的寺庙,依次指出每一个缺口,并说出"偷"这个字。戴维森同情哪一方在我们看来是毫无疑问的。他继续道:"我们每经过一处大规模遭到惨烈窃取的地方,中国官员都要说一遍。他一直在说。"而且每回都能产生共鸣,先是同行的一位文博单位的女孩,然后是司机师傅。"他们愤愤不平,而他们是对的。"戴维森补充道。

让戴维森本人也愤愤不平的是,他回到伦敦,看见大英博物馆把奥里尔·斯坦因爵士采集的物品"堆在角落里,几乎没有空间去解释或展现这些东西的独特价值"。甚至今天,也许是为了顾及中国人的感情,小小的中亚展区都几乎不对任何一件东西是如何通过某个人的不遗余力而获得的做出说明。尽管对一些人来说这种不遗余力是值得质疑的。可能同样是为了照顾西方人的感情,现在柏孜克里克和中国的其他地方也不再以谴责的方式指出冯·勒柯克和他的对手们窃取壁画的位置。

戴维森把开篇提到的"西域古物国际争夺战"归咎于赫定和斯坦因。毕竟他们最先意识到这一地区的考古潜力。戴维森进一步指出:"1902年到1914年,德国人派出四支探险队;法国人、俄国人和日本人也派遣探险队。胆大包天的学者立桩标出'势力范围'与'发掘场所',还对画出的地盘激烈争辩。"他总结说:"如今凝视岩寺的壁画上粗暴的旧日采集者用刀割的痕迹,令人悲伤而生厌。很多壁画已经保存了1000多年。若是设法再存续半个世纪,它们现在也会完好无损地在那里吧。"

然而不是每个人都能赞同戴维森这一自信的主张。首先,遭到毁坏的都是由"粗暴的旧日采集者"造成的吗?假使人们能够接受早期目击者的陈述,那么肯定不是这样。1928年英国旅行家雷金纳德·朔姆贝格上校(Colonel Reginald Schomberg)走过这条道路并报告称,某一处的大部分壁画被冯·勒柯克移走。但是,他补充道:"凑巧的是,几乎所有残留下来的壁画又都被当地人破坏了面部。"他继续讲道:"纯粹得益于欧洲考古学者,塔里木的佛教宝藏才免遭当地人的大肆破坏。这一点再怎么强调也不过分。"他记述另一处遗址的情况是:"对画像造成的毁坏让人惋惜。佛像面部遭到猛砍,遍布伤痕。少数剩下的雕像也几乎被摧毁。"特准参观吐鲁番附近的柏孜克里克伟大庙宇的人将证实,早在中国政府对为数不多幸免于难的壁画承担保护责任之前,文物的故意毁坏已经十分严重。

但是,捣毁佛像并非是对宝藏唯一的威胁。著名的传教士盖群英(Mildred Cable)和冯贵珠(Francesca French)在近40年前出版的《戈壁沙漠》(*The Gobi Desert*)中叙述,她们看见肆意的破坏还在进行,就在柏孜克里克附近的有古城墙的哈拉和卓(Karakhoja)。她们报告称:"建筑的损毁已经持续了一段日子。我们见农夫用镐拆毁旧的遗址,在这个过程中可能破坏了很多遗物。"农夫认为古老的泥土在增强土壤肥力方面极富价值。与此同时,他们圈占土地进行耕作,在遗址周围播种庄稼。盖群英和冯贵珠补充说:"悲惨的是,为提高农作物产量而必须进行的灌溉活动对泥土结构的建筑、壁画和所有其他古代遗物来说是致命的。它们凭借沙漠的干燥条件才得以保存。"

冯·勒柯克教授本人以前也在这个遗址大范围发掘。他报告称德国第一次和第二次考察之间隔了18个多月,其间"当地人不断挖掘,破坏了许多东西"。他在《新疆的地下宝藏》(Buried Treasures of Chinese Turkestan)一书中解释说,本地的农民从壁画上刮掉明亮多彩的颜料,将其视作特别有效的肥料。此外,寺庙遗址中的古代房梁由于气候干燥保存了几个世纪,这在这个木材奇缺的地区尤其受到重视,不是用作燃料,就是用来盖房。冯·勒柯克又说明,一些"村民对壁画深恶痛绝,所以不管在哪里看到壁画就要去破坏,受损的往往是面部"。他声称,中国官员并不试图阻止,他们尊崇儒家而看轻佛教。

他听说一个村民拆墙时发掘出几车的古本,许多还有彩饰,包括金子。他不敢留存这些东西,怕因私藏异端书籍而受罚,索性一股脑儿扔进河里。冯·勒柯克报告说自己偶然碰见另一个古代藏经阁,连同质量精美的壁画和大量纺织物一起,全被灌溉的水摧毁了。

其余的危险包括地震与当地的寻宝人。冯·勒柯克教授回忆,到1913年为止他弄走壁画的那些寺庙,很多年之后在地震中被摧毁。斯坦因也痛心地发现本地的寻宝者沿着丝绸之路南道积极地活动。这也是德国人决定聚集资源,在位于北道的吐鲁番和库车附近开展挖掘的一个原因。西方旅行家在19世纪末的几年里表现出对收购古代写本和其他古物的极度渴望。这无疑鼓动了寻宝者掠夺重要的遗址,否则这些遗址有可能安然无恙地保留下来。同时这也鼓励了伪造者们用精巧的仿制品来迷惑那些老练的东方学专家们。

然而就像中国人很快指出来的,这样的危险并不仅仅在当地发生。二战期间7个可怕的夜晚,在柏林被彻底摧毁的中亚宝藏比数年间因盗墓贼、农民、灌溉系统和地震导致的损失还要多。在旧民族学博物馆遭遇盟军轰炸之时,稀世珍宝灰飞烟灭。但凡有谁为斯坦因和冯·勒柯克辩护,认为他们是在拯救财产使之免于腐烂毁坏,中国人便总是要提及这点。假使这些壁画仍留在原来它们被发掘出来的地方,也许保存得更好,而这一点也并非仅限于柏林。大谷伯爵在三次考察中从新疆采集的佛教艺术珍品,大部分在二战之后消失,到目前日本学者也无力追踪。

中国西部戈壁宝藏的整个问题,尤其是上千件分布在伦敦和巴黎的敦煌写本,依旧高度敏感。在北京我与中国科学院考古研究所所长夏鼐博士(所长本人也是一位经验丰富的丝绸之路发掘者)详谈得知,这个问题时至今日仍严重困扰着中国人。毋庸置疑,外国考古学家中最恶劣的当属英国的奥里尔·斯坦因爵士。其次是法国伯希和教授。中国人绝不会原谅他们卷走敦煌千佛洞藏经阁内的宝藏。位列黑名单的第三人是瑞典的斯文·赫定。他在沙子湮没的楼兰遗迹中发掘出非常重要的历史文书。由此看来,关乎过去的带文字的文物的遗失(埃里克·台克满爵士所言)更能引起中国人的愤慨,比窃走伟大的壁画和其他艺术品更严重。

如果那些壁画、雕像和写本还在先前的地方,不曾沦为戴维森所谓的"考古盗窃"的牺牲品,其中有多少会幸存至今?对此读者必须自己考量。读者还要自行判断的是,无论当年所谓"挽救"文物的动机听上去多合理,使一个民族永远丧失其历史遗产是否合乎道义。同样需要探究的是为何中国人准许他人拿走那些瑰宝。但这些与本书无关。我的意图是首次将这些考察队的故事汇总,说明是什么让这些迥异的人甘愿冒着危及健康和性命的严重风险,不远万里来到中国荒僻的角落。

写作这本书的时候,除了敦煌、乌鲁木齐和吐鲁番等少数几个(也是幸运的几个)地区,中国新疆地区大部分仍不许外国人参观。假如现在缓和的状况可以持续,中苏关系不再恶化,读者也许很快可以跟随斯坦因、赫定、冯·勒柯克、伯希和、兰登·华尔纳,还有日本人的脚步亲眼看看丝绸之路的众多绿洲和遗址。然而现在,我们只能满足于地图和照片。所以让我们打开现代中国地图,找到相邻的新疆和甘肃这两个地区,这里实际上就是整个故事发生的地方。

第一章

丝绸之路的兴起与衰落

在中亚偏远地区有一片广阔沙漠。中国曾在这里进行核试验，并密切关注着近邻的一举一动。整只旅队曾在这里消失得无影无踪。一千多年以来，不可辩驳的是，塔克拉玛干沙漠这个名字总是令旅行者闻风丧胆。除很少一些人曾经穿过危险的沙丘，当中有几个人曾攀上300英尺①高的沙丘顶，历史上各商队总是绕开沙漠，沿沙漠边缘的一串彼此孤立的绿洲行进。即便如此，那些少有标识的小路时常被风卷来的黄沙湮没。数世纪以来，商人、朝圣者、士兵各色人等在绿洲之间迷失方向，留下一具具悲惨的遗骸暴露在沙漠中。

塔克拉玛干沙漠三面被世界上最高的一些山脉环绕，还有一面被戈壁沙漠所阻挡。即使接近它也是相当危险。许多从阿

---

① 1英尺=0.3048米，以下不再一一标注。本书所有注释均为编者注，以下不再一一说明。——编者

富汗、俄罗斯及南部、西南部各国家和地区前往此地的旅行者，不是被冻死，就是一时失足猛地跌入脚下的深谷。在1839年冬的一场灾难中，整支40人的旅队被雪崩吞噬。即使到现在，每年仍有人和牲畜死在这里。

谈及塔克拉玛干沙漠，没有旅行者说过一句好话。为数不多成功穿越这一沙漠的欧洲人之一斯文·赫定称它是"世界上最恶劣且最危险的沙漠"。对此甚至更有了解的斯坦因认为，跟塔克拉玛干沙漠相比，阿拉伯沙漠简直是"驯顺"。曾一度任英国驻喀什总领事的地理学家珀西·赛克斯爵士（Sir Percy Sykes）称塔克拉玛干沙漠为"死亡之地"。而他的姊妹艾拉（Ella），同时也是一位经验丰富的沙漠旅行家，形容这是"令人深恶痛绝的荒凉地方"。

除了迷路和缺水这些显而易见的危险，塔克拉玛干沙漠还有特殊的恐怖法子去折磨试图冒犯此地的人。冯·勒柯克在《新疆的地下宝藏》一书中描绘了所有旅队的恐怖梦魇——喀喇布兰（kara-buran），也就是黑风暴。

> 天空忽然暗下来……片刻之后，威力巨大的风暴突然间席卷了旅队。大量的沙子裹挟着砾石旋腾而上，猛烈地打在人和牲畜身上；天变得越来越黑，奇怪刺耳的撞击声夹杂着风暴的呼啸与怒号……发生的一切好像是从地狱释放出来的一样……在风暴的侵袭下，所有旅行者全然不顾酷热，把整个人裹在毛毡里以躲避如此疯狂威力下卷起的

石子沙砾的袭击。人们和马匹不得不躺在地上忍受狂风肆虐，通常会持续好几个小时。

曾亲身经历过这种风暴侵袭的其他几个欧洲旅行家，包括赫定，也都有过类似的描述。在这种时刻，至关重要的是保持冷静。1905年，由60个马夫组成的一支旅队受托护送银锭前往吐鲁番的绿洲地带，途中遭遇一场风暴的侵袭，风力之强甚至掀翻了满载的马车。冯·勒柯克提到，"60位中国马夫疾驰进入沙漠。后来在那里找到了一些风干的人畜尸骨。而其余的彻底消失不见。因为沙暴喜欢埋葬它的牺牲品"。显然这次事故要归因于马匹受惊，或是因为马夫过于恐慌。但在中国人的心目中，这样的不幸是妖怪作祟。他们相信这些妖怪住在沙漠中，引诱人们口渴缺水而死。

中国伟大的旅行家玄奘在7世纪前往印度的时候经过塔克拉玛干沙漠，他也曾描绘这些妖怪。"风起则人畜昏迷，因以成病。时闻歌啸，或闻号哭，视听之间，恍然不知所至，由此屡有丧亡，盖鬼魅之所致也。"①

20世纪20年代，曾是英国驻喀什总领事的克拉芒特·斯克莱因（Clarmont Skrine）在他的《中国中亚》（*Chinese Central Asia*）一书中对沙漠的样貌做了生动的描绘。"在明朗的早晨，北方呈现出一幅难以名状的景象，令人心生敬畏又有不祥的预感。

---

① 原书未注明出处。《大唐西域记》卷十二《二十二国》"瞿萨旦那国尼壤城"条。

塔克拉玛干黄色的沙丘犹如石化的巨浪，无边无际地延伸到远方的地平线上，其间不时有硕大无比的沙山高高在上俯视周遭的沙丘，宛如一位国王。这些沙丘似乎在无声地呼喊着要吞食过往的行人、湮没整个旅队，就像过去无数次发生过的一样。"

斯克莱因在中国、俄国、英国三国交汇的这个机要情报点工作长达两年半之久，据他回忆，他曾与一位年迈的中国旅行者交谈。那人从中国内地出发，经由戈壁沙漠和塔克拉玛干沙漠最后到达喀什。他告诉斯克莱因这一路上有连续50天时间连个人影儿都没见到。

大约40年前，另一位旅行者，英印军队情报部门主任马克·贝尔上校（Colonel Mark Bell）从北京走了3500英里[①]的路程抵达喀什。他此行的隐秘动机是评估中国对俄国取道中亚入侵印度有多大的防御能力。他和一个年轻的伙伴荣赫鹏（Francis Younghusband）进行比赛，从不同的路线由北京到印度，贝尔凭借五周的时间获胜。

后来贝尔略带轻蔑地写下关于戈壁沙漠的事情。他报告称"水很容易获得而且常常接近地表。旅行者热衷于对穿越沙漠夸大其词，然而其实不存在什么困难；在离开喀什噶里亚[②]之前，我们有理由认为在戈壁沙漠的日子比在喀什噶里亚沙漠的小山和平地要愉快得多……"当然，他所说的后者指的是塔克拉玛干沙漠的边缘。正如大多数旅行者一样，他也是沿着边缘小心地

---

① 1英里≈1.61千米。
② 指塔里木地区。

行进。

数年来，中国这个少有人知道的地区，不管是在地图上还是在旅行者的记忆中都曾有过许许多多不同的名字。不同时期流行着不同的叫法，像中国鞑靼、鞑靼高地、中国中亚、喀什噶里亚、西域、新疆等。名称使用得越早，其边界越模糊，但它们都包括了塔克拉玛干沙漠。一些维多利亚时期的旅行者称它为亚洲高地，这种说法似乎把西藏也囊括了进去。而按照斯文·赫定曾描绘的，西藏是"地球表面能发现的最大隆起"。

汉朝文献记载表明两千多年以前中国人把塔克拉玛干沙漠称为"流沙"，意思是"流动的沙地"。这是由于不间断的风席卷着沙漠，致使黄色的沙丘总是在不停移动。如今水文工作者和气候学家用更驯顺的名称"塔里木盆地"来称呼这里，在这里，冰川融水东流进入较浅的罗布泊，而罗布泊明显的"游移"最后将由斯文·赫定加以解决。① 在现代中国的地图上，塔克拉玛干沙漠（在突厥语中意指"有去无回"）位于官方称为新疆维吾尔族自治区的地区中部的一块卵状空白地带。

塔克拉玛干沙漠和它的绿洲四面都有屏障，只有最坚定的冒险者能够进入。北翼有雄伟的天山山脉，西面坐落着"世界屋脊"帕米尔高原。南面喀喇昆仑山脉和昆仑山绵延起伏。唯独东面没有山脉，但却有着两道天然屏障，罗布沙漠和戈壁沙

---

① 然而现代地理研究已经证实，所谓"游移的罗布泊"只是错觉，斯文·赫定的解释也是错误的。

漠。大多数英国旅行者（贝尔和荣赫鹏除外）都是从印度经过喀喇昆仑隘口抵达中国新疆的，途中有些地方甚至高达19 000英尺。赫定形容这条荒凉的路线是一条"苦路"，这里夺取了无数人和牲畜的生命。最近的1950年，一位旅行者写道："直到我们抵达平原之前，没有一处不是累累白骨。当摸不清路线的时候，连绵不绝的骸骨就成为我们阴森可怖的领路人。"在关于印度河探索的历史的《狮子河》(The Lion River)一书中，简·费尔利（Jean Fairley）写道："喀喇昆仑沿途寸草不生。旅行者要携带人和牲畜所必需的全部食物。由于要负载过重的商品而不得不减少草料的驮运，代价就是上百万驮畜死在这条路上。"另一方面，奥里尔·斯坦因爵士却对喀喇昆仑路线嗤之以鼻，把它开玩笑地形容为"女士们的观光之旅"。

然而19世纪，的确潜藏着一种难以轻易摆脱的危险——被杀。任何擅闯这穷山恶水的人都将被当地部落族人视为不错的猎物（1906年的时候斯坦因甚至还随身带上了一个小军械库）。这些不法行为让一些欧洲人搭上了性命，包括达格利什（Dalgleish）、海沃德（Hayward）和穆尔克罗夫特（Moorcroft）。这没能吓退所有人。这样的危险仅仅是挑战中亚的一部分。今日，随着横穿喀喇昆仑山脉的双向高速公路建成，雇用骡马、厨子和苦力攀上令人眩晕的悬崖峭壁、闪避落石和子弹的时代终于就此了结。

但是我们这里关注的那些从事探险活动的人都属于过去的时代（尽管其中的斯文·赫定到1952年才去世）。为了达到目的,他们甘愿忍受巨大的困苦,冒着随时而来的危险,甚至在必要的时候,葬身在这凄凉又与世隔绝的亚洲一隅。是什么强烈地驱使他们来到塔克拉玛干沙漠这个冬季严寒、夏季灼热的地方?要了解这点,我们有必要回溯两千多年的中国历史。

在耶稣诞生前的一个世纪,一位英勇年轻的中国旅行家张骞肩负着秘密使命从中国出发前往迢遥神秘的西域。尽管他的直接目标以失败而告终,然而这次旅程在历史上却被证明是一次至关重要的历程。中国由此发现欧洲,丝绸之路得以开辟。汉武帝发现自己正面临来自宿敌匈奴日益加剧的侵扰,在这种情况下,他委派以勇敢坚毅闻名的张骞前去开路。好战的匈奴人原系突厥系族群,后迁至欧洲,成为欧洲历史书中蹂躏劫掠的匈人(Huns)。① 他们的进犯始于战国时代。在公元前221年,秦始皇修筑长城以抵御匈奴侵袭。

汉武帝从匈奴俘虏中得知,早些年以前匈奴曾击败另一个中亚部族大月氏,并取月氏王的头骨制成饮器。匈奴驱使大月氏人西迁到很远的地方,越过塔克拉玛干沙漠。汉武帝获悉大月氏正等待一雪前耻,但欲先寻求同盟相助。汉武帝当即决定联络大月氏以图双方兵力联合,前后夹击匈奴。

---

① 现代学术界对匈奴所属语系仍有较大争议,通常认为其可能并非突厥系民族。至于匈奴与欧洲匈人的关系,主流的观点认为二者其实并无联系,所谓匈奴后来就是匈人的说法,实际上是推测与幻想的成分居多。

因此，汉武帝要谋求一位合意的志愿者来完成这一危险任务。之所以危险，是因为使者从中国到大月氏首先得途经匈奴控制的地区。时任侍从官的张骞自告奋勇前往，汉武帝应允。公元前138年，张骞带100多人启程，誓要经受住匈奴的严酷考验。但一班人马走到现今甘肃一带时遭到匈奴袭击。幸存者沦为囚徒，被俘十余年之久。然而张骞被予以厚待，甚至给他娶妻。为达成最终逃走并继续西行的目的，监禁期间张骞一直竭力保存着汉武帝赐的使臣的标志——牦牛尾做成的旌节。随着抓住他们的人给他们越来越多的自由，某一天，张骞和剩下的人出逃，再次动身继续使命。

当他们终于抵达大月氏（后来这个部族成为征服西北印度的印度-塞种统治者），却发现在被匈奴击败之后大月氏逐渐富饶安定，对向匈奴复仇丝毫提不起兴趣。张骞在大月氏停留了一年，尽可能多地搜集关于大月氏及其他中亚国家和部族的情报。张骞在归途中经过匈奴领地时再次被俘获。凑巧的是，抓获他的人之间爆发内战。张骞得以又一次在混乱中设法脱身。阔别13年后，人们以为张骞早已经客死他乡，他却成功回到汉朝的首都长安，向皇帝做了汇报。最初跟随张骞西征的百人中，除了他自己，唯有一人活着回到了家乡。

张骞带回的关于军事、政治、经济和地理的情报在大汉朝廷引起轰动。皇帝从他那里了解到之前从未听说的富有的国度费尔干纳（Ferghana）、撒马尔罕（Samarkand）、布哈拉（Bokhara，这三个城市现都在苏联中亚地区）和巴尔赫（Balkh，现在阿富汗)①,同时也第一次知道了波斯的存在以及另外一个遥远的国家犁靬(Li-jien)。当今学者认为这很可能就是罗马。但张骞更直接的一个重要发现是大宛令人称奇的新种战马。据张骞报告,新战马从"天马"繁殖而来,疾驰如飞,高大有力。这对中国人来说简直是意外发现。当时中国本地马体格矮小,行动缓慢,也就是普氏野马,如今只能在动物园找到。

汉武帝意识到要对付难缠棘手的匈奴人,大宛马是骑兵对战时的理想之选,于是决定用这种马重新装备军队。他还派遣使团到大宛设法得到一些种马,但是这个使团在半路被袭击,相继前往的使团也难逃厄运。汉武帝最终派出庞大得多的部队围攻大宛,还带着兽医。然而当地的人把马匹聚拢到一起赶到城墙里,并威胁说如果敌人靠近,不惜与马同归于尽。最后汉军接受了大宛国的求和,携战马班师回朝。尽管现在已经绝迹,但这些"天马"在汉唐雕塑家和艺术家那里得以不朽。最了不起的一例就是举世闻名的"铜奔马"。它出自2000多年前的一位未知的艺术家之手,于1969年被中国考古学家在距离(这里一度是汉武帝的都城)不远的丝绸之路上(甘肃武威)挖掘出土。

汉武帝十分欣赏使臣张骞在史无前例的旅行中所表现出的一往无前,并册封他为博望侯。由于汉武帝决意向西开疆扩土,后来又派多支远征队西行。其中一次是公元前115年派张骞再次率队赴乌孙。游牧民族乌孙生活在匈奴西部边缘。汉武帝打

---

① 此处提及的四个城市在张骞所处时代称呼与之不同,且其中一些尚未建城。

算与他们结盟以对付匈奴。然而这一回张骞依旧没能赢得乌孙人的援助。一来乌孙对邻近的匈奴感到畏惧，二来也觉得距中国甚远。伟大的西行者张骞回来没多久就去世了。皇帝给予了他无比的荣耀。时至今日他在中国仍被称颂。正是他向西开辟了通向欧洲的道路，连接起那时的两个大国——大汉帝国和罗马帝国。张骞可以被誉为丝绸之路之父。

尽管丝绸之路是世界上最古老的重要通路之一，但其得名则是相对来说较近的事。这一说法在19世纪由德国学者费迪南·冯·李希霍芬男爵（Baron Ferdinand von Richthofen）提出。然而，这种描述某种程度带有误导性。这条商队路线由穿过中国、途径中亚和中东的无数条道路组成，而且其中运送的物品远不止丝绸。年复一年，汉朝皇帝向西推进疆界。这条路总是任由进行劫掠的匈奴等民族摆布。为确保商品在这条新开辟的路上自由流通，中国人必须驻防、设岗楼来维护秩序。作为前进政策的一部分，他们在长城原有基础上又朝西修筑延长了一截，就像古罗马边境的城墙一样。

丝绸之路始于长安（即现在的西安），往西北经过河西走廊来到戈壁沙漠中的绿洲敦煌。敦煌这个边塞城镇注定在故事中扮演着重要角色。离开敦煌通过闻名的玉门关，道路分叉。驼队要在塔克拉玛干沙漠外围的两条路线中做出选择。

北道穿过沙漠通向哈密，约三个星期的路程，之后在天山山麓顺着塔克拉玛干沙漠北缘的绿洲前进，经过吐鲁番、喀喇沙尔①、库车、阿克苏、吐木休克和喀什。南道从西藏北缘和沙漠边沿之间穿过，仍是沿着绿洲前进，途经米兰、安迪尔、尼雅、克里雅、和阗②和叶尔羌等地。道路在塔克拉玛干沙漠远端朝北转向，再次与喀什的北道相接。从喀什向西，朝着"世界屋脊"帕米尔高原开始一段漫长危险的攀升。由此路线离开中国境内，进入苏联的中亚地带。经过浩罕、撒马尔罕、布哈拉、梅尔夫（Merv）等地，穿过波斯和伊拉克，到地中海沿岸。商船在此处装载货物运到罗马和亚历山大。

从塔克拉玛干沙漠终点开始的另一分支偏离南道，经由现在阿富汗北部的巴尔赫在梅尔夫与丝绸之路西部路线再次相接。另一条前往印度的主要岔路在叶尔羌与南道分开，攀上素有印度大门之称的喀喇昆仑山险隘，到达列城（Leh）和斯利那加（Srinagar）。之后通向孟买沿海市集的道路就是一条坦途了。还有一条中国人所称的"中道"位于丝绸之路的东端。这条路过了玉门关，在罗布泊顺着赫定所言的"游移的湖"的北岸穿过重要的绿洲城镇楼兰，同北道的主干相连。

丝绸之路的存在和延续全都依赖绿洲的战略分布线，这些绿洲紧靠塔克拉玛干沙漠，彼此之间最多只有几天的路程。相应地，绿洲依赖冰川融水来存续。这些冰川融水从雄伟的山脉流淌而下汇聚成河，呈马蹄状三面环绕沙漠。随着丝绸之路运

---

① 即今焉耆。
② 1959年后称和田。

输量增加，绿洲不再只是充当驼队途径时歇脚的驿站和补给点，而是开始靠自身的优势成为主要的贸易中心。更发达更大的一些绿洲历经几个世纪，左右了周围地区的局势，发展成为独立封建邦国或小王国。

这使得绿洲对于那些想要从丝绸之路中分一杯羹的匈奴等部族而言变得越来越有吸引力。由于丝路贸易开始给汉朝带来可观的利益，中国人和那些威胁这条经济干线的人之间冲突不断。中国人会周期性地失去对丝绸之路的掌控，暂时让它落入野蛮部族或其他独立的封建统治者手里。新霸主随后会要求进贡才肯放货物安全通行，或索性抢商队，直到中国人诉诸武力、谈判或报复重新夺回路线的控制权。即便丝绸之路在中国人牢固掌控之下的时候，也鲜有商队敢不带武装或无人护送，因为在相对偏僻的路段总是存在遭遇强盗袭击的风险（特别是昆仑山方向来的土匪）。所有这些使得陆上旅程代价高昂，最终促进了海上路线的兴盛，但其间商品的价格也因此大幅上涨。尽管面临风险和骚扰，丝绸之路照旧活跃发达。

罗马人坚信丝绸生长于树上。正如普林尼（Pliny）曾记述的："赛里斯人（Seres）林中产丝，闻名世界。他们靠水将其从树叶上取下……"维吉尔（Virgil）同样描绘过"中国人如何梳理从树上摘取的细丝"。中国人并不试图去消解这样的神话。一千多年前中国人就发现了丝绸的奥妙，尽管他们很愿意出售丝绸，但却决心保住交易中的垄断地位。中国对蚕丝的垄断又延续了6个世纪之久，直到第一批蚕卵由中国偷运到拜占庭。据传是一些景教修士在掏空的木制手杖中藏了蚕卵。

第一批见识这种革命性新材料的罗马人是马库斯·李锡尼·克拉苏（Marcus Licinius Crassus）的七个罗马军团。公元前53年，这些罗马军团跨过幼发拉底河朝东追击帕提亚人。突然，在卡雷（Carrhae）附近，撤退的帕提亚军队杀了个回马枪，射出冰雹似的乱箭。箭雨打破罗马人的阵形。这种箭一次能刺穿两人，把罗马士兵挽盾的手钉在盾牌上。尽管这样，顽强的罗马军团仍能守住阵地。然而接下来发生的事则令战势逆转。帕提亚人发出粗野的战吼，在艳阳照耀下忽然面对业已意志消沉的敌人展出一面丝绸大旗。罗马人从未见过此等景象，掉头逃离，留下两万多具尸体。

罗马人知道，帕提亚人热衷战斗，但同时也很单纯。他们不太有能力发明或制作这像"云一样轻""似冰一般透"的神奇材料。然而他们从哪儿得到这东西的呢？罗马情报机构不久有所发现。它来自居住于中亚远端的神秘部族"丝绸之人"。汉武帝早先派去追随张骞脚步的一支使团曾深入帕提亚，在那里用大批的丝绸交换了鸵鸟蛋和几位魔术师。据中国历史记载，这些东西令龙颜大悦。

罗马人不费多时便想法子得到了新原料的样本，手感细腻，外观诱人。他们急于获取更多。此时此刻帕提亚人慢慢回过神来，做这新生意的中间人大有商机。很快，对于罗马的男男女女来说，穿丝制服装成为当时的风尚。风靡程度如此惊人，以至于公元 14 年提比略（Tiberius）唯恐这样下去使人颓废沉沦，禁止男人再穿。普林尼很不满地写道，这种能一眼看透的衣服，"让女性看上去好像裸体一样"。同时他把国家经济的消耗归咎于女人们对丝绸的热衷。

尽管政府不准，但贸易往来持续扩大。380 年，罗马历史学家报告称，曾"一度限于贵族的丝绸如今已经在全部阶层时兴起来，哪怕是最底层也毫无例外"。然而，丝绸变得如此昂贵，相传能换与其等重的黄金。一些学者对此表示质疑。但不管怎样，罗马要用黄金买丝绸，加之需求日益增长，给经济带来恶果。丝绸之路兴旺的大多好处进了中间商的口袋，而不是那些远在中国的丝绸织造者"赛里斯人"。一些有魄力的罗马商人早在 1 世纪就派出代理人前去摸索新路线，试图绕过那些雁过拔毛的帕提亚人。2 世纪，成包成捆的丝绸已开始走海路从印度到罗马，这样一来省了相当大的开销。为维护宝贵的垄断权，帕提亚商人散播海路凶险的可怕谣言，我们知道这成功使至少一个计划去西方的中国使团望而却步。

然而除了丝绸，丝绸之路还带来许多其他物品。来到中国疆界的商队载着黄金和其他贵重金属、羊毛和苎麻面料、象牙、珊瑚、琥珀、宝石、石棉和直到 5 世纪中国才制造出的玻璃。那些从中国离开的驼队则装着毛皮、陶瓷、铁器、漆器、桂皮、大黄以及带扣、武器和铜镜等青铜制品。然而并非所有货物都要走完丝绸之路全长。很多货品在途中的绿洲、城镇交换或卖掉了。商人在当地替换上其他货物，比如玉石，再去更远一点的地方谋取更高的利润。实际上鲜有商队走完来回九千英里的全路程。罗马不曾有过一个中国商人。同样在长安也没有来自罗马的商贩。首先帕提亚人从自己的利益出发就不允许这样。他们有充足的理由不让买方发现途经自己领地商品的原始价格。此外，任何牲畜也不太可能持续走完全程，包括骆驼、马、骡、驴、小公牛和在帕米尔以及喀喇昆仑隘口路段使用的牦牛。商队会在常设的驻扎点换上新的牲畜。即便如此，每年都有数千只牲畜因不堪重负命丧路上。

贯穿亚洲的伟大通路输送了另一样比丝绸更关键的东西。它对艺术和思想的革命性影响不仅仅体现在中国，而且波及了整个远东。这就是前6世纪起源于印度东北部的佛教，它劝导人们对众生要有慈悲之心。前3世纪，阿育王皈依佛教，使佛教成为国教，他的帝国几乎囊括了印度所有地方。相传中国引入佛教源于1世纪汉明帝的一个梦。他梦见一位顶着光晕的金人在屋子里飞。翌日早晨他召唤谋臣要求解此疑惑。大臣们深思熟虑后认为皇帝梦见的是佛（当时在中国已有人对新信仰略有耳闻）。由此使节即刻被派去印度，探求更多关于佛教的事情。在离开许久之后，使节返回朝中。他不仅驮回经书佛像，且有几位愿意向皇帝讲授佛法的印度高僧相随。不论这是真是假，自此以后，传教者和朝圣者开始在中国、中亚和印度之间往来不息。除了佛经和佛法，他们也带回从没在中国出现过的新宗教艺术作品，令讲究审美意识的中国人大为惊喜。

佛教的传入给中国人带来的不只是全新的宗教，它给世人展现出崭新的艺术样式——"西域艺术"（Serindian），这也是本书的重点。"Serindian"这一称呼由"Seres（中国）"和"India（印度）"两个单词构成。逻辑上说这应是印度佛教艺术与当时中国汉代艺术的简单结合。若不是雄伟的喜马拉雅山隔断了中国和印度的直接交往，也的确该如此。然而面对难以跨越的屏障，佛教信条连同艺术一起也唯有兜兜转转才来到中国，途中还逐渐吸收了其他的影响。因此全新艺术的发源地不是印度本土，而是曾盛行佛教的犍陀罗国，位于如今巴基斯坦西北部的白沙瓦（Peshawar）山谷地区。在这里，另一种艺术联姻已经发生。这就是在印度佛教艺术和希腊艺术之间。前者由统治这里的大月氏后裔贵霜人在1世纪输入，后者在400年前经由亚历山大大帝引入此地。

希腊化佛教艺术，或称犍陀罗艺术，其最具有革命性的作品是用人的外形来刻画佛陀。这是第一次有艺术家这样来塑造佛的形象。从神学上来看，佛陀已经涅槃，逃离了无尽的轮回转世，已经不再存在于世上。因此，在这之前人们总是通过神秘的符号来代表佛陀，譬如一个足印、一个轮子、一棵树、一座佛塔或一些梵文文字。然而犍陀罗佛像在雕塑家手里呈现出挺直且轮廓分明的鼻子和眉毛、古典的薄唇和波状发型，这都是受希腊影响。另外一个明显带有地中海影响的是半透明的罗马式长袍，替代了原来的束腰布。然而他的眼睑低垂突出，耳垂很长，扁圆状的面部圆润富态，这是印度造像艺术的特点。加长的耳垂意指佛已然摘掉镶珠嵌玉的沉重的世俗耳环。当他还身为富贵的王子，没过着克己的苦行生活时曾戴过这些。

19世纪最先从印度到达犍陀罗一带的西方旅行者在见到这样的艺术时大为震惊。它与他们常见的印度宗教艺术中的"蹲姿、扭曲且面露痛苦神情的形象"截然不同。为了赶紧拿到样品给博物馆或用于收藏，不少寺庙和遗迹遭遇可怕的不可修复的摧残。此外，很多壁画因为气候恶劣开始斑驳不堪。出于这个原因，而今我们对这些希腊化佛像艺术家的天才的认识几乎全是通过雕塑，它们是用这个地方的灰色片岩雕刻而成的。

因此，是犍陀罗艺术，而不是原始印度佛教艺术，越过北方关卡隘口把具有革命意义的佛教信息传入中国新疆一带。它沿着新开辟的丝绸之路，追随使团、商队和朝圣归来者的脚步，慢慢向东传播。它还逐步吸收新影响，包括中国。新宗教在塔克拉玛干沙漠周围的绿洲发展起来，因此大批的庙宇、石窟和佛塔得以出现。这些建筑得到了大笔的赞助。有的来自当地掌权家族，有的来自富有的商人，他们急于为自己的商队获得庇护，或是为商队平安归来表示感谢。赠予与捐资被视为积功德，可以使施主逃过再次转世到人间的命运。可以发现许多丝绸之路沿途寺庙和神殿中壁画里的男女供养人被描绘成虔诚的模样（好比文艺复兴时期的基督教作品），有些还写上了名字。

随着皈依新宗教的人越来越多，为了寻找佛教起源地以及经文和圣迹沿着丝绸之路动身向西去的朝拜者也随之增加。那些人跨过喀喇昆仑和帕米尔的山口,去往当时第二大佛教圣地犍陀罗,之后到印度。当中一些人曾详尽叙述当时塔克拉玛干沙漠上繁华绿洲城镇的生活。法显是最早的这批旅行者中的一个。他大多靠徒步完成旅行。他曾留下399年在丝绸之路南道的于阗①王国的生动记录。

1869年,法显非常重要的游记首度翻译成英文。这部游记中记述道:"其国丰乐,人民殷盛,尽皆奉法,以法乐相娱。众僧乃数万人。"②他描述了一个令他印象至深的富丽堂皇的寺庙,称为王新寺,历经3位国王,耗时80年之久建成。③"可高二十五丈,雕文刻镂,金银覆上,众宝合成。塔后作佛堂,庄严妙好,梁柱、户扇、窗牖,皆以金薄。别作僧房,亦严丽整饰。"④法显提及的众宝是金、银、青金石、水晶、红宝石、绿宝石和珊瑚。

法显在于阗待了三个来月,记录了这里"其国中十四大僧伽蓝,不数小者""家家门前皆起小塔,最小者可高二丈许"。他发现当地人慷慨好客,"作四方僧房,供给客僧及余所须"。⑤

他还描述了有王室参与的佛教节日。"从四月一日,城里便扫洒道路,庄严巷陌。其城门上张大帷幕,事事严饰,王及

---

① 原文为和阗,在法显的时代此地称于阗。
② 原书未注明出处。《法显传·于阗国》。
③ "其城西七八里有僧伽蓝,名王新寺。作来八十年,经三王方成。"《法显传·于阗国》。
④ 原书未注明出处。《法显传·于阗国》。
⑤ 同上。

夫人、采女皆住其中。瞿摩帝僧是大乘学，王所敬重，最先行像。离城三四里，作四轮像车，高三丈余，状如行殿，七宝庄校，悬缯幡盖。像立车中，二菩萨侍，作诸天侍从，皆金银雕莹，悬于虚空。像去门百步，王脱天冠，易著新衣，徒跣持花香，翼从出城迎像，头面礼足，散花烧香。""如是庄严供具，车车各异。一僧伽蓝则一日行像。白月一日为始，至十四日行像乃讫。行像讫，王及夫人乃还宫耳。"① 随后，法显经由喀什王国② 继续他的朝圣之路，那里是丝绸之路南道北道会合的地方。

佛教在中亚出现一些不同的分支，或称"宗"，其中两种（净土宗和禅宗）最终传往日本，盛行至今。日本的大谷光瑞伯爵曾三次来中国新疆探险，表面上目的就是搜寻失落许久的净土宗圣地和遗物。有些人坚持认为这只是他为一些更世俗的目的打掩护而已。

然而佛教并非由丝绸之路传入中国的唯一外来宗教。另外两种宗教带着它们的艺术和文学也在塔克拉玛干附近植根发展起来，即景教和摩尼教。景教否定基督既是人又是神，432年在以弗所宗教会议上被西方裁定为异端。不少信徒向东逃往萨珊帝国，也就是如今的伊朗。从萨珊帝国出发，景教的商人和传教士们带着他们的信仰和艺术来到中国。638年中国第一个景教教堂在长安祝圣。景教经丝绸之路北道而来，同时景教团体在

---

① 同上页注④。
② 原文如此。但"喀什"一词在法显的时代尚未出现，有部分学者认为《法显传》中的竭叉国即为今喀什，但也有相当多的学者认为竭叉国位于今天的塔什库尔干。

很多绿洲发展壮大。20世纪初，在吐鲁番和敦煌密窟里发现了大量景教文书。由于很多景教徒既是商人又是传教士，景教信条最终沿着商队途径的路线在中国新疆扎下根来，还向南到了西藏。无论是845年唐朝禁止一切外来宗教还是11世纪伊斯兰教征服中亚，都没能使景教彻底消灭。13世纪末，威尼斯的旅行家马可·波罗途经喀什与和阗的时候还遇到很多景教徒。

摩尼教3世纪在波斯产生，它基于对立的"二元"——光明（灵魂）和黑暗（肉体）。5世纪末，摩尼教徒受西方基督教徒残酷迫害，逃向东方，最终抵达了中国新疆和内地，在隋（581—618）、唐（618—907）时期牢固地植根下来。直到德国人从吐鲁番地区挖掘出整座摩尼教图书馆之前，这一宗教似乎没有文献，人们对它的了解主要来自它的敌人留下的带有强烈恶意的记述，当中最负盛名的要数圣奥古斯丁。

762年前后，突厥人劫夺唐朝的长安，由此接触到摩尼教，并很快皈依成为信徒。这一异国宗教借鉴了相互冲突的基督教和祆教信仰，在10世纪达到鼎盛，随后走向没落，最终在中国消失。在丝绸之路西部的绿洲，它遭遇伊斯兰教浪潮，被取代和湮没，而在更远的东方则被佛教取代。后者的证据见于塔克拉玛干沙漠东北角的哈拉和卓，冯·勒柯克在那里发现美丽的摩尼教壁画被掩藏在后来的佛教壁画底下。尽管景教与摩尼教的艺术家们和书吏都留下了彰显其非凡成绩的足够多的凭据，然而，丝绸之路上留存的最有影响力同时也最长久的旷世经典还属佛教艺术。

与中国其他地区一样，丝绸之路的艺术与文化在被视作中国"黄金时代"的唐朝达到了最大的辉煌。这一伟大时期的特征是漫长的和平与稳定，帝国繁荣昌盛，其都城长安好比亚洲的罗马，它作为丝绸之路的起点，同时也是世界上最繁华的大都会。742年，其人口已近200万（根据745年进行的人口调查显示，当时中国总人口达5200万，其中包括约25个人口超过50万的城市）。长安曾先后作为周朝、秦朝和汉朝的都城，在唐朝已发展成为大都市，长宽为6英里乘以5英里，环绕着防御用的城墙。城门于每晚日落时分关闭。外国人在这里受到欢迎，约有5000名外国人居住于此。这里允许景教徒、摩尼教徒、祆教徒、印度教徒和犹太教徒自由修建自己的教堂并举行集会。每天不断有旅人的队伍出入城门，其中有突厥人、伊朗人、阿拉伯人、粟特人、蒙古人、亚美尼亚人、印度人、朝鲜人、马来人和日本人。他们各种职业应有尽有，商人、传教士、朝圣者、使节、舞者、乐师、书吏、珠宝商、酒贩、侍臣、高级妓女。亚洲各地聚集而来的侏儒尤其受到欢迎，他们变戏法、跳舞和表演娱乐节目。从丝绸之路远方城镇和亚洲其他地方来的整支整支的乐队们为宫廷表演。

在长安附近一座唐代墓葬的陶俑提供了关于这些外国人来源地和职业的十分详细的记录。这些明器（陪葬品）当中有很多对外国人进行了清晰的描绘和塑造，学者们通过其样貌和穿着可以判断他们的种族或来源国。除了持续不断的旅行者队伍，每日更有大量奢侈品和日用品在都城众多集市里销售一空。这些异国商品不少是经由丝绸之路运来的。有化妆品、罕见的植物（包括番红花）、药、芳香植物、酒、香料、香木、书和织得精细的地毯。除了大宛"天马"（其中一些受过训练，能随着音乐起舞），还有孔雀、鹦鹉、猎鹰、瞪羚、猎犬，偶尔还有狮子、豹子以及让中国人感到惊奇的两条腿的鸵鸟。7世纪时曾有两只鸵鸟运来，起初人们叫它"大爵"①，之后借用波斯人的说法称之为"驼鸟"。当中一只据称能够一日之内跑300里，能吃铜和铁。②

尽管中国人对新奇的进口商品有着无尽的欲望，中文中却一直称那些带来这些东西的外国人为"胡"，或者说野蛮人。的确，这源于植根于当时中国人心中深处的某种优越感，对所有外国人都带有轻视。朝廷把外国统治者的礼物当作贡品收下，并将到访的君主或使节视为封臣。

丝绸之路在唐朝经历了一段黄金期。然而朝代与其最重要的贸易线路的命运紧密联结。当朝代走向衰败，丝绸之路文化也随之没落。这也是很多曾经繁荣的城镇与其寺庙和艺术品最终一道消失的过程。事实上，曾辉煌一时的所有遗迹消失得如此彻底，直到19世纪才被重新发现。消失的个中原因很复杂，

---

① "冬十一月,安息国遣使献师子及条支大爵。"《后汉书·和帝纪》。
② "永徽元年五月,吐火罗国遣使献大鸟，高七尺，其足如驼，鼓翅而行，日三百里，能啖铜铁，夷俗呼为驼鸟。"《南部新书》,乙。

过程也长达数世纪。然而主要的原因有两个：一是供给绿洲城镇的冰川融水日渐枯竭；二是伊斯兰战士从阿拉伯远道而来，手握利剑改变了人们的信仰。

从中亚久远的史前年代人们初次搬至塔克拉玛干沙漠绿洲开始，便在为生存而战斗。他们不仅要抗击匈奴和其他部族的掠夺，还得对抗饥渴导致的死亡。确实，如果不是有水从山上流下并涌进沙漠，人们显然不可能在这不毛之地生存下去。生活在绿洲上的人精心建造的灌溉系统利用了水源，使农业实现自给自足。不论什么原因，倘若灌溉系统被忽视或中断维护，不管时候长短，一直伺机等待的沙漠又将卷土重来。绿洲又将荒废，不久，一切人们居所的痕迹也将消失在沙漠之下。3世纪末年，当中国暂时失去对丝绸之路的控制时，尼雅城镇就这样"死去"。它很快就被塔克拉玛干沙漠吞没了。

然而，不论当地居民如何机智地储存并控制水的供给，地理的作用对他们毫不留情。维持他们生命的河流要靠高山上的冰川滋养，而冰川却在收缩。从冰河时代末期开始，这个过程使得塔里木盆地的水流持续不断减少。离罗布泊不远的楼兰一度是孔雀河最后的绿洲。4世纪初这条河仍在流动。然而，3世纪末的时候，因为河流逐渐缩退，绿洲也开始被废弃。河流有时会改道或淤积，居民点也只好废弃。于阗绿洲就是这样一个例子，这是和田的古称，如今它已然湮没在冲积层下。

然而佛教文化从丝绸之路上消失的最终原因是唐朝的衰落和最终的崩溃，西方阿拉伯人的胜利以及整个塔克拉玛干地区最终皈依伊斯兰教。这个沿着丝绸之路前进的新宗教意味着人像艺术的终结。因为这种艺术对穆斯林来说十分可憎。很多雕像和壁画被破坏偶像者损坏或摧毁，而寺庙和佛塔则任由其碎裂并消失在沙漠中。到15世纪，伊斯兰教变成整个塔克拉玛干地区的宗教。中国在明朝隔绝了与西方的所有联系之后，丝绸之路最终被遗弃，这导致了这个地方的进一步孤立和衰败。

面对这种种，唯有最强大、水源最充沛的绿洲才能存续，并伴随着带有自身艺术和建筑风格的新宗教。其他绿洲则带着许多被遗忘的秘密埋葬在塔克拉玛干沙漠之下，几百年来无人打扰。

第二章

塔克拉玛干沙漠中的失落之城

生活在塔克拉玛干沙漠绿洲的居民中，祖祖辈辈流传着关于沙底掩埋古老城镇的离奇传说，可谓人尽皆知。相传在沙丘当中藏着大量金银财宝，正等着有十足的勇气去面对沙漠自然和超自然的恐怖的人去取走。1875年，一个曾在罗布泊附近盐沼当牧羊人的柯尔克孜①部落的人声称，他从远处看见了一个这种失落的城市，并做了生动的记述：

> 垣墙耸峙苇丛之上，城市隐匿其中。我没有走到城里，但在旁边的沙脊上望去，明白无疑地看到墙。我害怕走进废墟中，因为周围是沼泽，苇丛中有毒虫和蛇……另外，众所周知，进去的人几乎都会丧命，只因挡不住诱惑要去

---

① 中国境内的吉尔吉斯人称柯尔克孜族。

偷盗里边的财宝……你可以怀疑，但这里每个人都晓得我说的话是真的，而且有成百的卡尔梅克人[①]曾进入废墟中央的寺庙里去拜神……神像周围的架子上有宝石和巨大璀璨的珍珠，还有不可胜数的金银元宝。然而没人有权利从这里带走任何一样东西。罗布泊的人都知道。

他的记述发表在印度官方的报告里，后面又叙述了一个卡尔梅克部落的人曾来到城中祭拜，但难抵诱惑偷了两枚金锭藏在衣服里。他没走多远忽然疲倦不堪倒地昏睡。当他醒过来发现财宝不翼而飞。他又返回庙里想再拿一些。令他震惊的是先前偷拿的金锭此刻却好端端在原处放着。此人惊慌失措，跪拜在神像前乞求原谅。使他宽慰的是，神像微微一笑，但也告诫他日后不可再亵渎神明。

另外的传说讲述了这些城市当初如何毁灭，通常这是对居民所犯下罪行的惩罚。16世纪的伊斯兰教历史学家米儿咱·海答儿（Mirza Haidar）讲述了这样的灾难如何降临在罗布泊旁边的怯台城（Katak），当时仅有一名毛拉和一位宣礼员因为虔诚得以逃离流沙吞噬。当宣礼员最后一次召唤礼拜时，开始下起沙雨。不久，除了清真寺，整个城徐徐湮没，消失不见。惊恐的宣礼员从宣礼塔顶部向下俯瞰，注意到周围的地面快速地朝自己升上来。他仓促地做完礼拜，跳到离他只有几英尺的沙子上。

[①] 指生活在新疆的蒙古人。

他和那名毛拉觉得"远离真主之怒"才是明智之举。俩人飞奔逃走。米儿咱·海答儿补充道,怯台城"直到今天仍埋葬在沙下"。

一些这类罪恶之城的故事可以追溯到更早的时候,当时佛教在丝绸之路上仍旧繁荣。7世纪,伟大的佛教朝圣者、探险家玄奘(他后来被斯坦因当作自己的守护圣人)谈及过另一个城镇。这里在几个世纪以前,因为居民忽视宗教上应尽的义务而导致整个城镇被沙暴掩埋。玄奘讲述道,天刮起一阵大风,"第七日夜,宵分之后,雨沙土满城中"[1]。很快,他称为曷劳落迦城(Ho-lo-lokia)的整个城掩埋在庞大的土堆中。玄奘继续说:"诸国君王、异方豪右,多欲发掘,取其宝物。适至其侧,猛风暴发,烟云四合,道路迷失。"[2] 据说有300多个城镇被埋在塔克拉玛干沙漠荒芜的沙子下面。

但是,有一位邻国国王并没有因玄奘所言的"猛风"或其他任何沙漠恐怖景象而踌躇。他下决心要从这些失落之城中斩获珍宝。亚洲研究学者和旅行家爱莲斯(Ney Elias)在1895年的著作中提到,"这可能是对古代遗址仅有的一次系统挖掘"。他说的是喀什暴君米儿咱·阿巴·乩乞儿(Mirza Aba Bakr)让奴隶劳工进行的发掘(这个暴君的下场的确很不好——他在熟睡中被砍掉了脑袋)。与米儿咱·阿巴·乩乞儿同时代的米儿咱·海答儿曾生动记述这个统治者在今天的和田地区猎取宝物的经历。

---

[1] 原书未注明出处。《大唐西域记》卷十二《二十二国》"瞿萨旦那国媲摩城雕檀佛像"条。
[2] 同上。

爱莲斯在自己作品的译本序言中总结："我们也许能够推断，一切有内在价值的物件重见天日，而很多有考古价值的文物遭到损毁。以至于在将来，当那些有文化素养的探险家来废墟调查，却发现努力得不到回报时，他们的失望都承蒙米儿咱·阿巴·乩乞儿的贪心所赐。"

爱莲斯的这段记述仅写在斯坦因动身横跨冰封的喀喇昆仑山口五年之前。这是斯坦因三次在塔克拉玛干沙漠劫掠的第一次。他用这三次远征明白无误地反驳了爱莲斯的预言。爱莲斯不会知道这些，毕竟他在1897年已经去世，与此同时斯坦因仍在筹备第一次远征。

尽管在爱莲斯那个年代，不曾有欧洲旅行者发现任何一个沙埋的城市，然而西方学者很多年来都认为它们可能存在。1865年，当地的旅人拿出传闻之外的首个确凿的证据。他是印度雇员，名叫穆罕默德·伊·哈密德（Mohamed-i-Hameed）。英国政府派遣他执行秘密任务，穿越喀喇昆仑山脉探查塔克拉玛干沙漠的绿洲。当年那片区域事实上是未知的领域。加尔各答和伦敦方面思忖，假使差遣英国人，纵使乔装打扮得以进入俄印前线之间这片缺乏监管的与世隔绝的中国地区，不论从政治角度还是个人安危看都十分危险。另外，他们也注意到沙皇俄国对印度的威胁，急于探查入侵的敌军可能加以利用的穿越这片无人区的路径。

19世纪60年代，印度测绘局（负责整个英印地区及周边的地图测绘）的T. G. 蒙哥马利上尉（Captain T. G. Montgomerie）

想出一个巧妙的解决方案——利用印度雇员。1866年5月14日，他在给位于伦敦的英国皇家地理学会的一次报告中阐释了这个想法。他说："我在拉达克（Ladakh）的时候，发现印度本地人可以在拉达克和叶尔羌之间自由往返。因而让我想到也许可通过他们来进行探索。若可以寻得足够聪明的人，他可以毫不费力地将一些小仪器设备混在货物中间，依靠这些设备的辅助，我想对地理方面会带来有益的贡献。"

旁遮普副总督同意给仅有一人的本土考察队提供资金进入中国新疆，有一些测量经验的穆罕默德被选上。他接受了更多的培训，拿到了特别为这次探索而设计的隐秘测量仪器，之后被派遣到叶尔羌。他用一根喜马拉雅旅行者经常带的那种普通的尖手杖代替棱镜罗盘的底托。不过手杖的头比常见的要大一点，且被削平，可使罗盘固定放置在顶端。蒙哥马利解释道："采取这种办法，可以确保进行稳定的观察，不麻烦且不易引起怀疑。"雇员的其他设备包括晚上读取六分仪用的锡制小提灯，温度计测沸法计算海拔所需的大铜杯和油灯，这些均是最小型号。如果遇到蒙哥马利所谓"成群出没在这条路上的吉尔吉斯部落"，那么探索活动就几乎一定完蛋了，雇员和他的间谍头子对此心知肚明。所谓"这条路"，指的是从拉达克穿过喀喇昆仑到中国新疆的叶尔羌要走的那条可怕的散落着尸骸的道路。

1863年6月12日，穆罕默德离开克什米尔去往拉达克，这是英国势力范围内最后一个前哨基地。从那里他跟随旅队前进，穿越蒙哥马利形容的"寰宇最高的国度"，在三个半月后抵达叶尔羌。他在此生活了六个月，其间一直用仪器为蒙哥马利暗中观测，同时记下所有见闻。之后，临近1864年3月底，一位穆斯林友人警告他，说中国官员对他的活动起了疑心，正在进行调查。这位雇员见状把会连累自己的设备先行运走，然后从叶尔羌不辞而别，穿过喀喇昆仑山口，折回拉达克。

或许因一路上备尝艰苦，这位雇员和另一个同行的伙伴害了病。尽管家已然遥遥在望，俩人却都死去了。起先人们觉得他们可能是遭到中国特工的谋杀。但是民事助理威廉·约翰逊（William Johnson）恰好也在这一区域勘测，他最终排除了中国人作案的可能。尽管雇员的一些适于出售的财物不见了，但他在执行秘密任务中尽职仔细保存下来的珍贵笔记被约翰逊发现，并转交给了蒙哥马利。

印度测绘局首要关注雇员笔记里的地质情报，此外还有他对俄国人在该地区活动的观察。但是蒙哥马利发现了有趣的记录，这一记录从可信的出处首次证实了从前人们仅仅认为是幻想出来的传说。

诚然细节稍显不足，但这个雇员的任务并非考古。"这个省份之前的省会和阗很久之前被沙子吞没了。"蒙哥马利在汇报时引用了雇员笔记本上的话。但是据本地人所说，沙暴之后有个别古代房屋露出来了，"他们经常成功地挖出之前埋在地下的各种各样的物品"。雇员从中推测："似乎城市是顷刻间被掩埋的，百姓没时间转移财物……"雇员的记录没有惯常的修饰，比如天降报应、无价之宝、守护神之类的东西，因此即使是道听途说，也有几分可信。

勘测员威廉·约翰逊是第一个逃过吉尔吉斯人的毒手从印度领地到达塔克拉玛干地区的欧洲探险者，一年多前就是他在调查穆罕默德的死因。此外他实际上到访了和阗附近的一个被沙子埋葬的城市（尽管很仓促），他返回印度后相信还有其他这样的城市存在。有一天，他正忙于绘制构成西藏北界的昆仑山脉的西端地图时，一个进入中国新疆的机会不期而至。只为一瞥神秘的塔克拉玛干沙漠，令人敬畏的登山者约翰逊曾攀登三座山峰，印度测绘局仅简单标注为 E57、E58 和 E61。"然而我没能见到那些曾如此热切盼望的任何一个和阗地区的重要城镇。"他在之后呈给伦敦皇家地理学会的报告中讲述了这番话。他失落地返回拉达克的首府列城。然而回来的时候有个惊喜在等他。"一个中亚本地人送来和阗汗巴德沙（Khan Badsha）的一封信，诚邀我进入他的领地。"送信的人告诉他，汗得知他此前一段时期在这个地区出没，于是派人邀请他到和阗游览，但却没能找到他。

约翰逊十分清楚越过印度边境外进行这样一趟旅行在政治上非常敏感，需要有加尔各答最高当局的批准。他也知道，这样的申请要几周时间才能得到回复，结果几乎可以肯定是不允许前往。汗在信中打包票，一旦英国人想要回去，随时都可以回拉达克。对这个地区及其统治者非常熟悉的本地生意人也就这一点消除了约翰逊的疑虑。约翰逊后来为这一决定辩护时指出，汗的邀请在他看来是在未知地域采集有价值情报的大好机会,尤其是俄国人在这一地带活动的情报。

陪同的和阗人带他走了他先前未知的山口平安抵达和阗。约翰逊安逸地在汗自己生活的旧要塞住下。在那里,八十高寿的当权者几乎每天都和他见面。约翰逊宣称:"听闻汗性情暴躁,统治严厉。但是我不得不说,在他的国度,他待我友善,遵守承诺。除了我停留四天以后,他食言不许我走。"这种表里不一背后的缘由十分可悲。虽然汗好好招待约翰逊,实则计划拿他做人质,试图借此逼迫英国政府给自己部队和武器,牵制令汗万分惧怕的俄国人。据约翰逊讲,"俄国人日渐逼近叶尔羌与和阗"。

约翰逊在和阗期间,想办法收集了大量政治及军事情报。他也在不幸的穆罕默德获得的有关被沙漠掩埋的城市的资料基础上,增添了相当多的信息。约翰逊报告:"塔克拉玛干大沙漠就在伊里奇(Ilchi)东北方向约莫6英里之外。它的流沙像巨浪一样以降服万物之势往前移动,传闻在24小时之内就埋葬了360个城市。"他身在和阗那会儿,从一个被沙子掩埋的城市发掘出大量"本地人认定为年代久远"的茶砖。他想办法也得到一块。除了年份悠久,这种茶砖在当地需求量很大,尤其是因为来自中国内地的茶叶供应告急。他还听到有关从遗迹里发掘出来"四磅重"的金币连同别的奇珍异宝的传说。约翰逊在报告中指出,"只有极少数几个妄图发财而死守秘密的人"知道那些被沙掩埋城市的位置。但他却提到(虽然只是顺便一提)他参观了"乌伦克什(Urankash)附近的一个老城遗址,就是这个地方挖出了茶砖"。但约翰逊是一名勘测人员,并非收集古物的研究者。令人难受的是他能够给我们的信息只有这些。

他最终获得汗的准许,从和阗回家。尽管此行被皇家地理学会称颂为一次胜利,但此时此刻,他受到的是印度测绘局官方的指责,因为他擅闯和阗而未经上级许可。约翰逊自觉受到冒犯,从调查局辞职,当上拉达克的总督,薪水是以前的三倍多。没过几年他沦为刺客刀下的受害者。

尽管塔克拉玛干地区被埋葬的传奇城市的传说背后有越来越多的证据,但是古物研究者仍没有对这个地区表现出多大的兴趣。科学上对中亚这个闭塞的地方的兴趣只在地理学、地质学和战略研究等方面。一方面,欧洲考古学家忙于希腊、巴勒斯坦、美索不达米亚和埃及等有惊人发现的地方。另一方面,没人想到在喀喇昆仑山另一侧的干旱土地上有一个消失的佛教世界。他们觉得哪怕是有遗迹存在,也是伊斯兰文明的。最后,正如我们看到的,要想到达这个地方困难重重危险不断;几位欧洲旅人已经在前往这里的荒芜山口死于非命。

但是有人被塔克拉玛干沙漠下面暗藏的东西迷住了,那就是资深旁遮普文员道格拉斯·福赛思爵士(Sir Douglas Forsyth),他同时也是中亚方面的权威专家。在约翰逊开拓之旅五年以后,福赛思于1870年率队去叶尔羌,旨在与阿古柏(Yakub Beg)结下友好关系。阿古柏是一位东方冒险家,1866年他夺取了中国新疆不少地区的控制权,被视为有能力遏止俄国扩张之势的人。由于阿古柏那时不在都城,也看不出回来的意思，福赛思的目标落空。又过了三年，福赛思再一次尝试与阿古柏联络。这回跟着他的是更大的考察队，取得了更大的成功。他有幸得到旧识约翰逊的帮忙，也就是从勘测员变身总督的那个人。旅队得以平安穿越艰险的喀喇昆仑山口。归途中，他呈给伦敦的皇家地理学会的报告可以证明他对塔克拉玛干沙漠的消亡城市颇感兴趣。报告以"戈壁大沙漠流沙下埋葬的城市"为题（当时鲜有人听说塔克拉玛干一词，通常用"戈壁"这个名字同时指两个沙漠）。

福赛思写道："上次出访喀什期间引起我们注意的那些有趣的事当中，有一个是打探戈壁大沙漠的流沙以及据说很多年前被埋的古老城市的存在，现在这些城市又逐渐显露出来。"他接着讲："我在1870年第一次去叶尔羌时，没能采集到更多信息……然而1873年第二次到访，我打算多多调查询问。为了达到目的，我要竭力整理已出版的东西中的所有能得到的信息。"

他与七年之前的约翰逊一样，也注意到了"陈年长霉的黑色茶砖在市场上公开售卖"。有人跟他说这是从和阗周边发掘出的。福赛思下决心找出其中一个隐秘城镇的位置，看看能在其中找到什么。他没能获得当地政府的批准前往和阗，便决定借鉴蒙哥马利的方法派两位当地"专家"，指示他们去和阗附近被沙子掩埋的城市中看看能发现什么。第一个人返回时带了两小尊神像，出自和阗东面紧挨克里雅的一个被埋的城市。福赛思认出当中一个是佛陀，另外一个是陶制的猴神哈奴曼。福赛思说："这些物件刚被发现，它们能到我的'专家'手里何其幸运。倘若遇到狂热的反对崇拜偶像的人,他们很快就会把这些东西破坏。"第二个人带回"一些金戒指和鼻环……还有硬币。里面最醒目的当属一枚铁币,显然是前1世纪最后一个希腊巴克特里亚国王赫尔默乌斯(Hermaeus)时候的东西。几枚金币分属君士坦斯二世(Constans Ⅱ)和波戈纳图斯(Pognatus),查士丁(Justinus),安提玛科斯(Antimachus)和狄奥多西乌斯(Theodosius)时期"。福赛思在脚注中说,学者们已经认定佛陀造像大概在10世纪左右,表明这个地点被沙漠吞噬的时间也许是800年前。

他的两名"专家"汇报说,和阗一带有其他古物重见天日,包括一个牛形的金饰,一个约16磅①重的金瓶。不过这只是道听途说。但佛像、猴神和硬币却足够真实,似乎是第一批落入欧洲人手中的来自塔克拉玛干失落世界的古物。就其本身而言,只代表了中亚研究中一个小里程碑。

一两年内,由北方长驱直入的俄国旅行家开始报告发现了荒废的城市,就在塔克拉玛干沙漠边缘。然而,作为植物学家、动物学家、制图学家和地质学家,他们心头还有更紧急的任务,因此无人驻足进行挖掘工作。其中的尼古拉·普热瓦利斯基上校(Colonel Nikolai Prejeyalsky)当属俄国最卓越的中亚探险家。1876—1877年他在罗布泊探险及其后在这一地区旅行时,无意间发现多个被沙漠掩埋的城市或长期荒废的遗迹。1879年,俄

---

① 1磅≈453.59克。

国的植物学家阿尔贝特·列格利（Albert Regel）避开中国边界守卫，发现离吐鲁番不远的地方有宏伟的带城墙的城市。这处废墟后来确定是古维吾尔的都城哈拉和卓。他报告找到了"佛教徒的偶像"。然而他没有时间更进一步探究，因为中国方面把他赶回去了。还是这一年，匈牙利的一支地质考察队进入敦煌千佛洞，但他们不是文物收集者，离开后又继续赶路了。

第一个想到要在中国新疆开展挖掘的到访者大概是荣赫鹏，尽管他没有亲自尝试。他在著作《大陆的心脏》（The Heart of a Continent）中曾记述与贝尔上校在1887年进行的穿越中国的较量。他提到如何与拉赫马特·乌拉·汗（Rahmat-ula-Khan）搭上关系，这是一个一门心思想去英国的普什图人。为了达成心愿，拉赫马特提议领着一队稀有的白骆驼去伦敦。参观过加尔各答动物园并注意到英国人对不同寻常的动物很有兴趣后，拉赫马特确信他的骆驼势必要在伦敦引起轰动。然而荣赫鹏出了另一个主意："我跟他说假如在这个国家那些古老的城市废墟和那些被沙埋葬的断壁残垣里进行探索，可能会发现古代饰品和古书。这些能帮他在英国赚大钱。"俩人分开以前，荣赫鹏特意为他给大英博物馆以及加尔各答和孟买博物馆的馆长们写了介绍信。

尽管今天考古学者们会强烈谴责这样的提议，但荣赫鹏的建议体现了他的远见，尤其是他提到了古书。当然，他是怎么产生这种念头的还是让人迷惑不解。这比著名的鲍尔古本的发现整整早了三年，鲍尔古本的出现给印度学术界带来极大震动，表明中国的遥远地方有被遗忘的佛教文明静候人们去发现。

第三章

古本大战

普什图向导拉赫马特·乌拉·汗要么是无视荣赫鹏的建议，要不就是挖错了地方。早期的塔克拉玛干考古发现记录中没有提及这个人，而别的本地寻宝者的大名则作为特定发现的来源被列出。在他们旅行50多年以后（荣赫鹏那会儿已是名人），荣赫鹏写书时曾提起当初那些介绍信根本没用到。也许这个地区生命廉价，普什图人没能用上介绍信就早早丢了性命。不论怎样，一两年间其他人忙着挖东西，很快就有一系列引人注目的发现开始从荒寂大漠里被发掘出来，包括使用久已无人知晓的文字撰写的古本。

1889年，古丝绸之路北道的天山南侧，一帮本地猎宝者在挨着库车的一座神秘圆顶状塔里打隧道，不经意发掘出一批宝藏。这是这类早期发现中的第一批（后来证实也是最重要的一批）。当地人认为这损毁的建筑里有宝藏。

一旦进入塔里（可能是古老的佛塔或坟墓），闯入者发现自己位于一处宽敞的屋内，屋子中央堆积着大批陈旧的纸张。双眼适应黑暗后，他们还发现一些动物的干尸，其中包括一头牛，立在那里好像守卫一样。这些干尸一经触碰就粉碎成灰。一面墙上用见所未见的神秘文字写着一段话。虽然因没能收获期盼中的珍宝而有所失落，但他们用篮子带走了那些纸张，交给本地的卡迪，也就是伊斯兰教教法官。两天以后，一位哈吉（曾到圣地麦加朝觐的穆斯林）古拉姆·卡迪尔（Ghulam Qadir）查看了这些东西，尽管他一个字也看不懂，仍决定买下一些。

这个时候，为寻找杀害一名苏格兰年轻旅行家的凶手，印度陆军情报官员鲍尔中尉（Lieutenant Bower，后来是少将汉密尔顿爵士，Major-General Sir Hamilton）正在彻底搜查这一片地区。受害者安德鲁·达格利什（Andrew Dalgleish）是小有名气的中亚探险家。他在一段荒僻的山口无端被叶尔羌的阿富汗壮汉多德·穆罕默德（Daud Mohammed）阴险地射中，随后被砍死。那个时候鲍尔中尉（他1940年就死了）正巧也在这个地区，表面上是拍摄探险，实际上显然是在进行秘密调查。接到印度当局将凶手绳之以法的指令后，他着手组织私人情报队伍，在阿富汗、中国和俄国都有活动（最终他手下的两名特工一路跟踪凶手到撒马尔罕，还在市集上和凶手正面遭遇）。与此同时，鲍尔自己在古丝绸之路沿线追踪凶手的行迹。为了追寻"猎物"，他最终来到位于天山南面的库车绿洲。他在那里得知哈吉古拉姆·卡迪尔手头有部分写本。其中一件有51页桦皮纸，他买下这件后运往加尔各答的孟加拉亚洲学会。起先这些东西令人费解。后由英籍德裔东方学家奥古斯都·鲁道夫·赫恩勒博士（Dr. Augustus Rudolf Hoernle）解读成功。这是由婆罗米字母写成的梵文手稿，由七段独立但残缺的文本组成，主要涉及医学和巫术，大约可上溯到5世纪，极有可能出自印度佛教僧人之手。这被证明是现存最古老的写本之一，比印度发现的任何东西都要古老。正因为塔克拉玛干地区极端干旱，和埃及类似，这才令它得以保存。

赫恩勒博士本人对这一发现的重要性做过最好的总结。他声称："鲍尔发现原始手稿及其在加尔各答出版，开启了中亚考古的现代化运动。"另一名学者在《皇家亚洲学会会刊》（*Journal of the Royal Asiatic Society*）撰文，略有夸张地宣称，鲍尔古本的发现以及赫恩勒出版写本令"整个讲求科学的欧洲开始了对这一地区更多古物的探求"。

此时此刻，哈吉古拉姆·卡迪尔从猎宝者那里获得的其他库车写本，几经周折到了赫恩勒手里。鲍尔购买之后，哈吉把他手里剩下的所有古本都给了他在叶尔羌的弟弟。他弟弟第二年带着这些东西跨越喀喇昆仑山口到列城。在那里，其中一部分被摩拉维亚传教士韦伯（Weber）拿到，后又被他转交赫恩勒。剩下的继续被哈吉的兄弟带去印度，留给了一位友人之后便离开，长达四年之久。再次来访时，他把写本运回喀什，作为礼物献给英国特使马继业（George Macartney）。这次轮到马继业将这些东西送回喀喇昆仑山口的另一侧（第三回穿过这个山口），送到印度的西姆拉（Simla），从这儿也送往在加尔各答的赫恩勒。于是1896年，在化作废墟的佛塔里发现写本七年之后，哈吉的三部分藏品才得以重聚——如今被学者称为鲍尔古本、韦伯古本和马继业古本。

然而，剩下的在塔里找到却未被哈吉收购的写本又经历了什么？接下来的几年里，一直有意识搜集文物的俄国驻喀什领事尼古拉·彼得罗夫斯基（Nikolai Petrovsky）买走了遗留的那些写本。直到1903年退休之前，他不停地给圣彼得堡的学者提供从丝绸之路上弄到的写本和其他古物，当中一些如今还能在冬宫看到。

赫恩勒得知彼得罗夫斯基成功的古物收集活动（他全靠当地的贩子搜集古物），于是向印度政府施压，要求对其在中亚的代表收购古物的活动给予积极协助。结果，斯利那加、吉尔吉特（Gilgit）、奇特拉尔（Chitral）、列城、霍拉桑（Khorassan）和马什哈德（Meshed）几处的政治代理人（别忘了在喀什的马继业）从1893年8月开始留意搜集古物，之后转送身在加尔各答的赫恩勒。很快赫恩勒得以报告称："在对指示有所响应后，已经收到了不少中亚古物，英国的藏品初具规模，还在不断扩充。"他不由自主接着说："发起这次行动于我个人而言意味着无比的满足。"后来证明这种欣慰只是一时的。

但对中亚古本和文物的争夺不局限于英俄两国。1890年，即鲍尔古本转给赫恩勒那年。两个法国人——制图学家迪特勒伊·德·兰斯（Dutreuil de Rhins）和东方学家费尔南·格勒纳尔

（Fernand Grenard）肩负着法国政府的使命来到中国新疆和西藏。他们的旅程注定只能持续三年，其间经历了难以言说的困难，最终以迪特勒伊·德·兰斯之死为结局。尽管两位探险家最紧要的是绘制地图和其他科学工作，但他们仍想办法搜罗到一些古物，包括陶制双峰骆驼和满腮胡须的头像，以及至少一部重要写本。这些用古印度字母写在白桦树皮上的手稿年代较鲍尔古本稍晚，尽管格勒纳尔声称它要早得多。之后巴黎的学者证明这是佛教经典《法句经》的一部分。

1893年6月，他们在西藏遇到不怀好意的部落族人的伏击，写本连同其他所有的东西险些遗失。迪特勒伊·德·兰斯在随后的枪战中腹部挨了致命的一枪。格勒纳尔见状，试图临时为受伤的队长拼凑个担架。但那些袭击者抢走了奄奄一息的迪特勒伊·德·兰斯，把他扔进7英里外的一条河里。他们也洗劫了考察队的行李，分赃之后扔掉了全部田野笔记、胶卷、仪器设备和古物。格勒纳尔设法逃脱，捡了一条命，找回了部分财物，其中包括写本。但后来他不得不面对指控，只因悲剧的酿成是由于他们激怒了当地居民。巴黎方面对写本进行检验后，发现残缺不全。但是不久之后，同一个写本的残页出现在圣彼得堡。这些是由彼得罗夫斯基搜集到的，但他如何获得、从谁那里得到的就不得而知了。

到1899年，加尔各答的英国收藏已经达到一定规模，赫恩勒觉得完全有必要对进展发布相关报告。题为"中亚古物收集丛谈"报告的第一部分发表在《孟加拉亚洲学会会刊》(*Journal of the Asiatic Society of Bengal*)的增刊上，文中赫恩勒按照获得这些古物的顺序详细列出九年前在收到鲍尔古本以后得到的每一个写本和其他古物。

赫恩勒持有的写本和雕版印刷书籍中，有一些是用已知文字书写的前所未见的语言。赫恩勒同其他文字学家逐步解读了它们，将它们归为已消亡语言的宗教典籍。然而，另一些连文字都前所未见的内容，学者们仍旧百思不得其解。虽然赫恩勒与其余东方学者耗费很多时间打算进行分析，但是没能成功。

与此同时，赫恩勒在喀什、列城、斯利那加和其他地方的代表都热衷于把从文物商贩和猎宝者那里收到的源源不断的新物件寄给赫恩勒。赫恩勒报告中提及其中典型的一批："马继业先生从和阗和塔克拉玛干获得各色各样的文物。包括：(1) 13本书；(2) 陶器；(3) 钱币；(4) 杂物。马继业花费95卢比在和阗购入7本书和一些文物；从当地商贩拜德鲁丁(Badrudin)那里买到剩下6本。一共用了150卢比。我在1897年11月初拿到这些东西。"在提供文物的这些人当中，赫恩勒尤其赞赏喀什的马继业，他解释道，由于马继业距丝绸之路上一些旧址最近，所以他乃是"搜集文物方面贡献最卓著的一人"。赫恩勒身为政府人员，自傲的劲头也可以理解，他补充道："这些东西的花费何足挂齿。"

赫恩勒报告称发现的东西大多来自和阗附近被沙子掩埋的

遗址。他说人们认为距离和阗 5～150 英里的范围内有 15 个类似的遗址，但其中只有两个被欧洲旅行家证实。他补充说："对于其他那些我们也只从本地的寻宝人那里略有所耳闻。"他指出，本地寻宝人中的一位重要人物是和阗的伊斯兰·阿克洪（Islam Akhun）。赫恩勒是该记住这个名字。

阿克洪时常显摆自己进入塔克拉玛干猎宝的行为，而且说得天花乱坠。马继业将他的原话记在笔记里，加上发现的文物，统统交给赫恩勒。这位有胆识的当地寻宝人，除了马继业，还有别的顾客。他挖掘的东西在 1895 年到 1898 年间大量流入伦敦、巴黎和圣彼得堡各地的博物馆。这些地方的学者们被其中"未知的文字"搞得焦头烂额。

赫恩勒发表的一份关于阿克洪的发现的典型说明中，提到了阿克洪如何发现一间半埋在沙子中的老房子。赫恩勒告诉我们："由于看不见入口，只得在露出地面的墙上挖个洞。阿克洪的搭档之一塔克达什（Takhdash）从窟窿爬进去，进入了三码①见方的一间小屋子。沙子堆得让人的头快顶到天花板了。塔克达什挖沙子时发现几本书。此外还有不少，但腐朽得太严重了，一经触碰便碎掉。"可能是觉得马继业的问题太刨根究底惹人厌烦，阿克洪解释说他"本人吓得要命，不敢进去检查房子内部"。

对此，赫恩勒也告诫自己以后与猎宝人打交道时要多多留

---

① 1 码=0.9144 米。

心。他写道："这个说辞，显然只能相信一部分。"又补充道："不过当地流传的也未见得都是信口开河。好比到同样地点的距离，如今测算的结果与当地人的说法相差不多。"他解释关于距离方面他发现的一个出入时说："喀什的瑞典传教士巴克隆德（Backlund）先生曾对我说过，中亚人在估计距离方面很不靠谱。"

阿克洪跟马继业说过，他曾在塔克拉玛干发掘过别的废墟，获得一些写本和雕版印刷书籍，这其中就有喀喇克尔麻扎（Quarā Qöl Mazār）①。他在那里无意中发现"一片废弃的长约10英里的巨大墓地"，赫恩勒认为这或许是佛教徒的墓地。随后他又在雅布库姆（Yābū Qūm）一带的古代棺材里的尸骨中发现一些手稿。这个地方的名字意为"驮驹沙漠"，巴克隆德告诉赫恩勒，他推测这里或许曾经掩埋了一个旅队。阿克洪报告的第三处废址是喀喇扬塔克（Qarā Yāntāq）。在那里他发现了一个"枕"着一包手稿的骷髅。

尽管赫恩勒指出这些遗址也许并非阿克洪发掘的真正地点（他怀疑这些寻宝人没准在别的什么地方发现了藏书库，想要对此保密），他还是相信这些文物年份久远。注意到干旱的塔克拉玛干沙漠好比天然防腐剂，他又说道："毫无疑问，英国收藏的写本和木版书全是历史非常悠久的文物。"

平心而论，赫恩勒并没有避而不谈英国藏品的写本和雕版印刷书籍中可能存在赝品这件事。事实上，他在报告中记下了

---

① 麻扎是新疆地区穆斯林的圣者或贤者的陵墓。

一个极其令人警惕的故事，然而他却固执地拒绝接受这个故事。在"关于真实性的问题"这一章节中，他记述说："考虑到雕版书的巨大数量和写本的神秘，可能有赝品的疑虑不自觉地浮上心头。当初我接手和阗文书时就产生了这个念头。那时我了解到大英博物馆的一些专家和其他人也有类似的想法。"起草报告之前，他继续引述了瑞典传教士巴克隆德的信。

巴克隆德提到，从阿克洪那里买了三本据称是从一棵空心树下挖出的古书后，自己的一名本地仆役对他说："大人，我想告诉您这些书不像看起来那么老。我可以告诉您它们是如何做出来的。我在和阗时一心想要干这一行，但总是被拒之门外，甚至没法知道任何关于书的事情。末了我与母亲商量，她建议我找找要好的伙伴打探一下，这人就是那个行当的头头的儿子。所以有一天我问他怎样做出那些古书。他坦白告诉我，印版是他父亲让一个给棉布染色的人做的。"

巴克隆德似乎料到赫恩勒的想法，赶紧说："如今事已明了，仆人所言或许只是因为嫉妒。但是我决定比从前更加严格地审视这些东西。"结果他留意到疑点重重的几件事，例如他刚从阿克洪那儿买的书看样子有点新，又脆又硬，也没有因平常使用而出现的损坏和裂开的迹象。他还发现印刷用纸"跟那会儿在和阗生产的纸一模一样"，而且"尽管经过处理（火烧烟熏），但仍很结实，几乎完好如新"。他进一步指出，书角"很方（古书的书角通常是圆的），书边是新近裁出的，尽管故意处理得像是古书"。

赫恩勒权衡双方的证据后痛苦地否决了巴克隆德的所有意见，这至少是为了让自己心里好过一些。如今重读他的报告，不得不得出这样的结论，即他想要相信这些特别的古书和写本是真品，这一点压倒了自己严格的判断。他一而再再而三地坚定地站在错误的一面。最糟糕的是他好像自愿相信那些猎宝者发现了真的古代木制印版，并偶尔用这些真印版来"重印"。

他断言："目前掌握的信息加起来，总体而言我得到的结论是这些写本都是真的。与此同时，收藏中大部分木版书，即使并非全部，也同样是真正的文物。哪怕其中一些是赝品，那也是真品的仿制品……"

此时此刻，在戈壁-塔克拉玛干一带相继涌现出其他重要新发现（其真实性毋庸置疑）。最为关键的是俄国学者德米特里·克莱门茨（Dmitri Klementz）获得的东西。1898年他被圣彼得堡科学院派遣到戈壁沙漠边缘的吐鲁番绿洲附近，专门去调研俄国旅行家报告里位于那一带的古老而神秘的遗址。这是第一个造访中国新疆的纯粹的考古队。除了确认废墟的存在，克莱门茨还带了不少写本和佛教壁画残片回国，其中部分拍摄了照片。正如马上要讨论的，没过几年，他的收获掀起这一地区考古活动的浪潮，不经意间酿成艺术史上的重大悲剧。

尽管后来证明克莱门茨这回的发现非常关键，但是他并非第一个打破丝绸之路失传秘密的人。一位新的杰出人物已经穿越帕米尔朝东进发，来到新疆地区，决心验证塔克拉玛干沙漠深处满是财宝的城市的传言是否属实。

第四章

斯文·赫定：探路者

这个杰出人物是不为人知的瑞典年轻人斯文·赫定，他犹如划过中亚天幕的流星。这位戴眼镜（有时他面临几乎失明的危险）、文绉绉且矮小的人最终成为世界最著名的探险家之一。他平和的样貌掩藏了刚毅的意志、矫健的体魄和勃勃的雄心，甚至偶尔会鲁莽行事。赫定是一位无情的领导者，他对自己和手下人都毫不留情（有人为此丢了性命）。但他却不敢宰杀牲口，如他所说"扑灭那没法再燃起的火花"。很多国家的政府为他半个世纪内在中亚取得的斐然成绩给予了无限荣光。他还受到王室的接见，有大人物为他捧场。英国授予赫定爵士头衔。剑桥大学、牛津大学颁发给他荣誉博士学位。皇家地理学会发给他两个金制奖章，让人羡慕不已。他发表著作（部分通俗，部分学术）近50种，先后被翻译成30种语言。与他私交甚笃的有沙皇、德皇、瑞典国王、兴登堡、基奇纳（Kitchener）和寇松勋爵

(Lord Curzon)。他的冒险故事让在校学生们和《泰晤士报》的读者们都为之动容；旅行者们无不佩服他的坚忍不拔；地理学家也对他取得的专业成果刮目相看。然而，赫定在1952年以87岁去世时，却早已被人忘却。在历经漫长的荣耀之后，这颗流星终于消逝无痕。他甚至在去世后还遭到了不少曾一度赞赏过他的人的唾骂。

如今鲜有人知晓他的人生为什么突然逆转。简言之，他致命的失误（至少他之前的友人这么认为）是先后两次卷入政治的旋涡，不幸每一次都站错队。带有狂热信念的赫定在第一次世界大战和第二次世界大战中都坚定不移站在亲德的立场上，不惜牺牲别人对他的全部尊重。这种选择令人困惑，因为他有犹太血统。为此有人写了整本书来谴责他。其中一本在1916年出版的书，其书名据说是讽刺性的"瑞典德国佬"（Hun Swedin）。① 第二年，另外一本英国出版的书在最后写道："你否定人性，斯文·赫定，现在瑞典人反过来否定你。我们不认识你。你的发现于我们有何意义？你是否发现了西藏，我们毫无兴趣。"

但是，赫定作为探险家取得的成就无可置疑。从他的地图就能看出他才能出众，现在卫星对中亚的观测也能显示这一点。1890年，荣赫鹏在喀什同赫定见过一面。尽管当年赫定还名不见经传，但荣赫鹏却印象深刻："他的确具备真正的探险特质，

---

① 斯文·赫定姓和名的前一两个字母交换后发音与"瑞典德国佬"近似。

这给我留下了深刻的印象——体魄强健、热诚、随和、沉着而顽强……我嫉妒他的语言能力（赫定通晓7种语言）、科学知识和艺术成就。他似乎具有所有科考旅行家的条件，同时还承袭了他北方先祖的那种沉静和自立。"第一次到访喀什时，赫定还和彼得罗夫斯基及马继业结下宝贵的交情。他还同著名的荷兰神父亨德里克斯（Hendricks）会面，神父在这一地区的旅行者中很受爱戴。

他此行仅仅是前期勘察。四年之后，29岁的他再次回到这里，由此开启一系列有历史影响且时常危险重重的旅程，穿越中亚和西藏，长达40年之久。这次他穿过帕米尔到达喀什。他不听别人的劝告，试图在寒冬翻过地球上最高的山口塔克敦巴什（Taghdumbash）。条件十分恶劣，温度计里的水银都冻住了，一天夜里温度骤降至零下37摄氏度。他不仅受高山病困扰，还因极寒暂时失明。他的眼睛被蒙住，被人领着走下山坡，前往喀什。

正如荣赫鹏指出的，赫定高度胜任科考探险家的角色。完成横跨波斯和俄属中亚的早期旅行后，年仅21岁的他返回瑞典，下决心掌握他认为要想完成毕生事业所需要的技能。他进了斯德哥尔摩大学，在那里用两年时间学习地质学、物理学和动物学。赫定在毕业以后又进了柏林大学，师从伟大的冯·李希霍芬男爵学习自然地理学——此人也是一位知名的亚洲探险家。此外他还在其他顶尖教授的指点下学习历史地理学和古生物学。1890年，他中断学业进行第一次喀什之旅，并在那里遇到荣赫鹏。回去之后，赫定又在冯·李希霍芬指导下学习了一年。

之后是他横跨梦魇般的帕米尔，以及在中国的三次远征。1895年2月进行的第一次远征向那些追随者（尤其是斯坦因）证实，不仅是环绕塔克拉玛干沙漠边沿，进入其内部也完全有可能，尽管十分危险。1895年12月和1899年9月的这两次塔克拉玛干探险，在考古上取得了不少重大发现。

像所有来过这里的人一样，赫定听到过无数有关塔克拉玛干沙漠深处满是宝藏的失落城市的传言。传言说，很多人都冒险寻找这些城市，希望以此带来财富。少数回来的人惊恐地讲述守卫神灵如何挫败他们猎宝企图的故事。赫定听说，有个从和阗回来的人则要幸运得多。此人负债累累，走进沙漠求死，无意中发现一个装满金银的宝库，现在他摇身一变成为富人。

赫定对这类传闻很着迷，相信背后一定有真相。他想着在未知的地方开展更紧要的勘察和探索过程中，定要找出这么个城市来。对他来说，沙之海的呼唤不可抗拒，他写下："就在那里，在那地平线的边沿，我不知疲倦地注视着那庄严的圆形沙丘。更远处，如墓地一般的寂静里延展着未知的……土地。我会是第一个踏入那里的人。"

赫定第一次进入塔克拉玛干沙漠的冒险就险些成为最后一次。1895年2月17日，在30岁生日当天，他从喀什向叶尔羌河的麦盖提（Merket）行进。在这里他的驼队首领为一个月的塔克拉玛干沙漠之行置办了骆驼和食物。赫定还雇了其他三人。其中一人声称对这一地区很了解。他们在4月10日启程，带着

8匹骆驼、2条守卫犬和移动"食物柜",其中包括3只羊、10只母鸡和1只公鸡。他们的旅行,赫定后来写道,"证明是我在亚洲进行过的旅行中最艰难的一回"。他的目标是穿过塔克拉玛干沙漠,勘察叶尔羌河与和阗河之间的塔克拉玛干沙漠西南角一带,然后继续向前到西藏。这一小队人马离开麦盖提前往沙漠时,村民们摇头并预言他们再也回不来。

十五天以后,大麻烦的征兆显露。赫定惊慌地发现饮用水只够两天。在最后一口井那儿,他告诉手下人要装满骆驼背着的水桶,确保可以维持十天,这样就足以使他们抵达和阗河。赫定咒骂自己没亲自监督。向导起誓说他们能够在两日赶到河边,然而赫定完全不相信。事后,赫定坦言当时应掉头返回。倘若停下来掂量一下风险,他写道:"驼队将获救,没人会丧命。"反之,在大幅削减队员的水的配额,丝毫不给骆驼留一丁点水的状况下,他执意继续行进。

当晚为寻找水源,他们凭借烛光疯狂挖掘了几个小时,结果却只是徒劳。翌日,赫定打算丢下两匹患病的骆驼和所有多余的行李。阴云突然聚积,这使得他们心里燃起巨大的希望,然而云很快就消散了。紧接着一阵沙暴袭击了早已精疲力竭的驼队,使他们只能依赖罗盘向前走。他们不得已丢下另一匹骆驼等死。赫定的人发觉向导约尔齐(Yolchi)偷了弥足珍贵的水,喝得一点不剩。若不是赫定调解,其他人早就因遭到背叛而杀了他。这时,赫定害怕这是自己最后一次写旅行日志了,他写道:"一切都极度虚弱,人和骆驼都如此。上帝救救我们吧。"现在距离他们发现水只够喝两天的时候已经过去了整整五天。

5月1日，一整天没有喝水后，绝望的赫定企图用汽化煤油炉子里头的酒精解渴。很快他发现自己不能动了。他唯有指望同伴抵达河边后再返回救他，所以其他人没有带上赫定，继续艰难前进。然而不久，赫定感觉恢复了点力气，便沿着沙漠里同伴的脚印，赶上了正不得不在一个地方稍做停顿的同伴们。没有人有力气再走下去了。赫定事后提及："那时是我漫游亚洲中最不幸的时刻。"

到目前为止，四个人当中有一位已不省人事。其他人杀了还带在身边的公鸡，把鸡血喝掉。接下来轮到羊，然而赫定发现自己吞不下结块的羊血。其他两人尝试饮骆驼尿，不料却恶心得吐了出来。

赫定一想到他的失踪会给家人带来悲痛，就备受折磨。他下定最后的决心继续往前走。赫定甚至扔掉了小药箱，但却没扔掉口袋本的《圣经》。日落之时，他和两个人带着尚存的五匹骆驼孤注一掷地开拔，尝试抵达河边。他们留下两个奄奄一息的伙伴，其中一人是偷水的约尔齐。约尔齐留给赫定的最后一句话是："水！先生！哪怕就一滴！"但是，没有水了。当晚另一匹骆驼死亡。随后赫定的两个搭档之一驼队首领伊斯兰·巴依（Islam Bai）声称再也走不动了。赫定再一次毫无选择地只得让他也留下，连同尚且活着的骆驼和装备。赫定和他最后一个伙伴卡西姆（Kasim），晚上缓慢爬行，白天则把自己埋在沙里。

5月4日，这已是缺水的第五天。他们惊讶地看见脚印，深信这次离可以拯救他们的和阗河很近了。但是忽然他们反应过来那些仅仅是自己的脚印，是他们在兜圈子罢了。赫定回忆说，第二天早上："卡西姆看上去糟透了，舌头苍白浮肿，双唇变青了，面颊凹下去，目光空洞呆滞，一副垂死的模样。"但随后，太阳升起来的时候，他们看到地平线上出现一条深绿色的线，简直不敢相信。

"树丛！"赫定嚷道，"和阗河！水！"早上5点半，他们赶到树荫下。然而三个钟头之后，他们依旧未来到河边。两个人因为劳累脱水再次崩溃。入夜时候，赫定恢复了一点，得以只身爬过树林。但当他最终到达河边，却发现河已经完全干了。强烈的倦意袭来，但他知道如果丧失意识的话就会丢了性命，所以他强迫自己沿着河床又爬了一英里。

忽然前头响起一阵溅水声，像是水鸟在起飞。赫定在《穿越亚洲》(*Through Asia*)一书中写道："下一刻我站在一个小水塘边，水塘里是冰凉的淡水——美妙的水！"他感恩上帝神迹一般的拯救，随后开始疯狂地用小罐头盒舀水喝。"我喝着，喝着，喝着，一次又一次……每一根血管和每块身体组织都像海绵一样吸收着这赋予生命的液体。"他的脉搏之前降得只有49次，此刻又开始正常跳动。"我的双手之前干透了，像木头一样硬，现在又开始膨胀起来。皮肤之前好像羊皮纸，现在又变得湿润有弹性……"

赫定的思绪飞到命在旦夕的卡西姆那里。卡西姆此时正横卧在后面干涸河床的某个地方。赫定给皮靴注满水，在月光之下摇摇晃晃地往回找，时不时地叫喊他的名字。拂晓时刻，赫定碰到了他,还躺在赫定当时留下他的地方。卡西姆低语道:"我要死了。"赫定握住一只盛满水的靴子喂到卡西姆嘴边。他大口吞着水,紧接着又把另外一只里头的水给喝了。后来,在路过牧羊人的帮忙下,他们高兴地发现伊斯兰·巴依也得救了。他同样是被牧羊人救起的。巴依猛扑到赫定脚边,泪流满面。赫定写道:"他以为我们永远不会再见了。"其中一匹骆驼,也就是背着赫定的日记、地图、钱和两杆来复枪的那匹,幸存了下来。包括勘测设备在内的其他所有东西均已丢失。之后也再没有其他两个人的消息,最终赫定给他们的遗孀提供了抚恤金。幸存下来的三个人没有别的选择,只得回到喀什。他们终于在6月21日到达。赫定未能找到失落的城市,而且还接受了惨痛的教训。然而这绝不会破坏他试图解开塔克拉玛干沙漠秘密的决心。他紧接着差遣信使去俄国边界最近的电报站,让人尽快安排一套新的勘测设备寄过来。

赫定比从前更有决心要成为第一个探索塔克拉玛干沙漠某个失落城市的欧洲人,他在1895年12月14日那天再次由喀什启程。这一回跟他一起的有忠诚的伊斯兰·巴依(另一个幸存者卡西姆当时已经当上俄国领事馆的守卫)和三位新人。他们花了21天经由古丝绸之路,沿着沙漠西沿去往和阗,路上总共300英里。赫定知道,在这个地方能够从当地猎宝人那里得到小古董。这是彼得罗夫斯基告诉他的,彼得罗夫斯基曾经在那些从和阗来到喀什的商人手中买过这些东西。每到夏天的时候，山上冰雪融化，会在这一地区引发洪水，一些埋在红土中的工艺品被冲刷出来，当地人就把它们捡走。

赫定记述："对本地村民而言，除了金子银子，其余玩意儿不值钱。所以他们会把那些给孩子当作玩具。"本地人带他来到发现那些东西的位置。此地是一个老村子，称为博拉桑（Borasan），位于和阗的西边。然而当时是1月，"这一季的古物收集活动已经结束……"赫定解释道，"毕竟他们不会放弃一年一度搜集金银财宝的机会。"虽然这样，但是他自己仍旧发现了部分小物件，还从本地的猎宝人那里获得古书与钱币等各式各样的古物大概500件。尽管赫定不是考古学家，但是这些平淡无奇的发现引起了他对这类古物终身的兴趣，也构成了巨大的中亚古物收藏的基础，这些收藏属于现在位于斯德哥尔摩的斯文·赫定基金会。他从博拉桑（后证实是此处的旧都于阗）带回的宝物里面包括陶制佛像、男女及骆驼塑像，还有一些能够体现出早期有来自西方的人到此定居或旅行的文物，最明显的就是一枚铜制十字架。这里的确是一座失落的城市的遗址，尽管地处沙漠边沿，而且已被几个世纪的洪水与劫掠毁掉了。

然而，赫定听说在东北方沙漠的中心里有另一座神秘城市，几乎完全掩埋在沙子下面，在绿洲生活的人就叫它"塔克拉玛干"。有一个号称熟悉路线的本地向导陪着赫定往克里雅河方向走去。那会儿刚好是隆冬时节，他们在零摄氏度以下的气温里经过十天最终抵达传说中的遗迹。起先他们能看到的只有一些散乱的木桩或断壁残垣从沙丘中伸出来。之后赫定看到一面墙上涂刷了很清晰的佛像和佛教神话中的人物像，这让他大喜过望。他立即意识到，在这荒凉的地方，他不经意间找到了隐没多时的佛教文化遗迹。这就是法显还有别的丝绸之路旅行家生动描述过的东西。这不但证实了这些描述是真的，而且为如今绿洲人传言的塔克拉玛干沙漠深处失落的城市提供了依据。

他检查了四周荒芜的废墟，意识到自己发现了非常重要的废址——他在《穿越亚洲》一书里把这称为"第二个索多玛"，尽管当时尚不知道它的名称。他知道自己虽然长期待在这边，也去几个沙漠湮没的建筑物调查过，但是他缺乏专业知识以及时间，同样未配备开展科学挖掘的工具。很多年过去，他写作《我的探险生活》(*My Life as an Explorer*)的时候解释道："我宁肯把科研交由专家去做。之后数年他们将会到这边发掘。于我而言，有如此重大的发现，在沙漠中央探索了一片新领域留给考古学家，这就足够了。"

他亲自进行的挖掘中，不仅找到古老的屋子，还有花园以及白杨林荫道的痕迹，还发现梅树和杏树的遗迹。他的手下们在几个房子中发掘出几尊八英寸①高的石膏像。造像后面平整，由此看出是用作墙饰。还发现石膏做的跟真人脚掌一样大的脚雕塑。他们在一处房子里面（跟他一起去的人声称是寺庙）看到很多刻画女子的壁画。她们"衣着轻薄"，显示出画者"技艺精

---

① 1英寸=2.54厘米。

湛"。赫定记述："她们乌黑的秀发打结盘在头上，双眉连成一线。额头点了一颗吉祥痣，和如今印度人的习俗一样。"

虽然赫定既不是艺术史学者，又不是考古学家，但是他对自己发现的肖像画的观察具有惊人的洞见。例如他指出当中有印度、希腊、波斯和犍陀罗的影响。斯坦因后来提出的"西域艺术"，在当时还不为人知。赫定运走了力所能及的全部物件，记述了在干燥沙子中开展发掘的难处（"你才将沙子掘开一个洞，很快沙子就流回原处堵住"）。赫定继续朝东向克里雅河行进，计划绘出那边的地图，之后沿河向北朝沙漠进军。

他到了河边以后，听说周围有另一处沙子掩埋的城镇，本地人称为喀拉墩（Karadong），意思是"黑丘"。这处跟之前的相比要小很多，然而赫定注意到两处建筑类似，古老的建筑材料也是一样的。他还发现这边壁画的作画方式也同之前的一样。在这边停留两日后，他顺着克里雅河一直向北走，直到河水最终消失在沙子下面。他和同伴在这里持续往北行进，完成危险的穿越塔克拉玛干沙漠之旅后最终回到和阗。路途中他也在地理学、动物学方面有很多重要发现。他在和阗待了一个月来绘制地图、整理笔记，之后又开始新的重大探险。前年他那不走运的探险队没去成西藏，这一回他要去调查这个神秘的地方。他最后从西藏经由北京和泛西伯利亚铁路回到瑞典的时候，发现自己已然赫赫有名。

1899年9月这位不顾倦怠的瑞典人开始了又一次塔克拉玛干沙漠远征，这次他发现的古代中国边镇楼兰是他在考古学方面取得的最大成就。他从这一遗址里面运走大量重要写本，一些可以追溯到3世纪，这是中国学者难以原谅的行为。倘若不是要找一个丢失的铁锹，赫定不可能偶然发现这处对中国历史学家而言意义非凡的遗址，那样的话这里就会完好无损地留给中国自己的考古学家去发现和挖掘。

有了瑞典国王奥斯卡（King Oscar）和百万富翁伊曼纽尔·诺贝尔（Emmanuel Nobel）的赞助，赫定又离开欧洲去喀什。他同老友彼得罗夫斯基、马继业还有亨德里克斯神父再次聚首。9月5日他跟伊斯兰·巴依（现在他骄傲地戴着瑞典国王颁发的金质奖章）一起朝叶尔羌河的拉吉里克（Lailik）前进。这个地方是他们这次重大探险活动的始发站，这一回他要乘船穿过塔克拉玛干地区。赫定的目标是首先完成对叶尔羌河的考察并绘制地图，之后是其下游的塔里木河。最终目的地是沙漠中央塔里木河流入的盐湖罗布泊，这个湖泊似乎在数年之间出现了巨大的位移。赫定主攻地理学，他决定解释这个难题。（这件事情耗费他35年之久才最终得出结论。）

首先他购入本地制造的一条船，他跟同伴要在上面度过接下来的80天。接下来他们造了一个小一些的木筏子，用于探索河道狭窄或是较浅的地方，同时可以装一些活禽和蔬菜在上面充当探险队的食品仓库。最后，他们雇了五名水手，于是接下来探险起航。

除去遭遇风暴、浅滩、急流以及偶尔碰上倒下来横在河道上的树木等情况，赫定认为用这种方式在这般荒芜的风景下前行十分浪漫休闲。偶尔河水流速快的时候会带动两条船以惊险的速度驶向下游，一旦船体离岸边太近，水手就用长长的杆子撑开。而有时他们得升起船帆才能够前行。有时候为了消遣，赫定会打开音乐盒让《卡门》中的歌曲或是瑞典国歌回荡在沙漠上。塔克拉玛干沙漠上从未出现过这种事情，他们不免让偶尔途经的放牧人或驼队大吃一惊。

赫定在白天一直忙于勘测，因为图表上面不能留下空白，最终达到了 100 页。夜里他们就将船在岸边拴好。冬季将至，赫定担心如果河水结冰，恐怕手头的工作要就此中断，直到第二年春季。12 月 7 日这天他们担心的事情最终发生了，从拉吉里克动身三个月之后，由于河流冰封，他们没办法向前移动了，当前他们离目的地还有大概 140 英里。赫定计划待在原地，等待开春河流解冻。他这段时间里在周围开展了几次陆上探险之旅。偶尔晚上气温骤降到零下 22 摄氏度，不停地下雪，他也没有帐篷。喝水全靠融化坚冰，有时寒冷的天气使赫定钢笔中的墨水也冻住，这让他只好改用铅笔。

经过 20 天的沙漠跋涉之后，他们抵达丝绸之路南道的绿洲若羌，继而朝东北方向位于塔克拉玛干沙漠最东端的罗布沙漠走去。又经过 22 天，猛然间他们看到一处特别的景致——几间十分古老的木头房子。它们每个都在约莫 8～9 英尺高的沙丘上面，周围空无一物。很明显这些房子是被困在那个高而干燥的地方，这是因为若干世纪的侵蚀已经带走了房子周围的红土。在他们匆忙的搜寻过程中发现几枚古代中国钱币、一些铁质斧子以及若干木质人像。这些东西被装到两匹骆驼上，由队中的一个人带着送到塔里木河那边探险队的大本营去。要不是因为有一个人忘了东西，事情也许就到此为止了。赫定原本计划不再在这里过多停留，在完成对塔里木河最后部分的考察后再往南去西藏，最终完成去拉萨的目标。此外，由于夏季快到了，饮用水也告急。

行进了若干小时，他们发现一个也许能打到水的地点，由此打算就地开挖。这个时候他们反应过来仅剩的一把铁锹不见了。其中一个人承认可能是不小心落在古代房子那边了。赫定派这人骑马去找。这个人把铁锹带回来，讲述路上遭遇了沙暴所以迷了路。然而不经意间他发现了以前没有看到的废址，当中有些精美的木雕暴露在沙子外面。赫定马上多派人手跟他去带回那些物件。赫定拿到木雕的时候激动得"头晕"，他记述道："我决定返回。但是这个念头很蠢。剩下的饮用水仅够我们两天用。"他计划来年冬季再到这处遗迹好好挖掘一番。

队伍结束了对河流的考察之后，又穿越沙漠往南走。经过阴沉的山脉隘口再到西藏。不过在那边他们待的时间很短，没什么可说的。赫定失去一名队员、十匹马还有三只骆驼（还有一人因为挨冻，双脚没了）。赫定决定离开西藏，回到罗布沙漠里面神秘的遗址。抵达遗址以后，赫定列了一个周密的计划开始挖掘，而且提出奖赏第一个找到"无论什么样式的人类字迹"的人。很快有个人发现了上面写有印度文字的木板。他们不停地挨个对每处房子进行挖掘，很快一个人找到有中文的纸片。后来挖掘出的带有中文的古代碎纸片越来越多——共计36件。此外还发现120份木简，以及一块旧毛毯的残片。这块残片织有花纹，颜色依然鲜艳。有一件文书表明这个地方就是楼兰。这些手稿还勾勒出中国边镇的生活风貌画卷，让学者们感觉非常亲切。4世纪初期，这一中国西部前线的屏障以及丝绸之路的重要交通城镇落入敌人手中。这里曾经大而繁华的社区里面有政府机关、邮局、医院与学校，马可·波罗1224年路过这里的时候，这边早已掩埋在他所谓食尸鬼出没的罗布沙漠底下近千年。

从赫定挖掘出来的数量很多的木简残片还有纸张（当时刚刚发明）中，那个时候人们平日生活的细节被一点点拼凑起来，与现在的人的生活非常类似。其中的内容包罗万象，从处罚逃税的人到小学生随便涂写的类似9乘9等于几的算术草稿都有。他们清扫了一间屋子的沙子之后，赫定发现大门是敞开的，"想必这是1500多年以前，这座古城里面最后的居民离开时的样子"。加上早先在神秘的"塔克拉玛干城"发现的，还有这回在楼兰发掘的古物，这位孜孜不倦的瑞典人收获颇丰。在此处发掘七天以后，他扮为佛教朝圣者再次往南边走，计划到拉萨去。

这个时候位于塔克拉玛干沙漠另外一边的欧洲旅行家马克·奥里尔·斯坦因已经开始了他在丝绸之路上的三次考古大劫掠的第一次。他跟赫定一样有着顽强的意志力，他通过前后16年之久的探险最终从中国新疆搬走大量艺术品和手稿，足以填满整座博物馆。为此他饱受中国人鄙弃辱骂。如今中国人仍旧视他为抢走中国文化精品的欧洲人里面最可恶的那一个。

第五章

奥里尔·斯坦因：非凡的寻宝者

另一位有名的文物发掘者伦纳德·伍莱爵士（Sir Leonard Woolley）形容在中国新疆跋涉了大概两万五千英里的斯坦因探险队为"考古学家向古代世界发起的最勇敢大胆的突袭"。出色的中亚旅行家和历史学家欧文·拉铁摩尔教授（Owen Lattimore）称斯坦因为"那一代人里面集学者、探险家、考古学家和地理学家于一身的最卓越人士"。

这些来自同行的褒奖绝对有依据，但是"最"这个词还是应该用得谨慎一些。例如有位作家曾说斯坦因是"继马可·波罗之后最杰出的探索亚洲的人"，这小看了斯文·赫定的功绩。上一章中仅仅记述了赫定旅行中的几次而已（跟考古学相关的几次）。诚然，考虑到赫定探索西藏，从地理学方面的价值看，他是一位更卓越的探险者。这两个人互相尊重，而且都对仅仅在塔克拉玛干沙漠边沿发掘的人不屑一顾。在不少方面，俩人很相似。跟赫定相同,斯坦因因为在中亚研究上的贡献被英国政府授予爵士头衔,并取得牛津大学以及剑桥大学的荣誉博士学位,获得英国皇家地理学会金奖。这些只是他一生中所获殊荣的一部分。他们两人都矮小壮实(斯坦因身高仅5英尺4英寸①),都是单身,都写下数量很多的关于远行的作品,均活过80岁。与此同时他们年纪相差三岁,斯坦因略年长一些。

但是他们存在一个本质的区别。斯坦因是一位出名的东方学家。他转向冒险事业旨在深入验证他关于中国腹地到底深埋了何种东西的理论。按他本人的说法,自己是"考古学领域的探险家"。然而赫定受过地理学和绘图学的高度训练,是个纯粹的探险者,从这一点来说他与俄国杰出的亚洲旅行家普热瓦利斯基更相似。但是,作为历史的探索者,斯坦因要比对手更胜一筹。他的确是中亚考古学的巨人。

1862年他生于布达佩斯一个犹太人家中。他受到基督教洗礼,因为他的父母觉得在当时的社会里这样做能让他以后过得更顺利。借传记作者珍妮特·米尔斯基(Jeannette Mirsky)的话说:"就斯坦因父辈而言,洗礼是解锁犹太聚居区的钥匙,而且……通向外面的多彩世界。"尽管在世的时候他们没能看见斯坦因为多彩世界做出的独特贡献,但他未曾让他们失望。他一辈子都坚持了这个后天改宗的基督教信仰。1943年在阿富汗,他在弥留之际(当时他已经81岁,打算由此地动身开始最后一

---

① 约1.62米。

趟中亚远行)提出要英国教会为他举办葬礼。

从学生时代到死,斯坦因一直对亚历山大大帝的远征十分着迷。他一生中大多数时光都在试图找寻希腊人及其艺术和学问来到中亚的路线,以及当年的战场。他追寻希腊艺术到了更远的地方,穿越喀喇昆仑隘口,顺着古代丝绸之路向东。可能斯坦因同在他之前的匈牙利东方学家乔莫·德·科罗什(Csoma de Koros)和阿米纽斯·万贝里(Arminius Vambery)一样,潜意识中受"匈牙利人是匈人后裔"的古老观念吸引前往中亚。显而易见这两名杰出的旅行者影响并激励了他。

在维也纳和莱比锡的大学里面他学习东方语言,21岁的时候,他被授予图宾根大学博士学位,然后去了英国,最终归化。他用三年的时间在牛津大学和大英博物馆研习古典著作,以及东方考古和东方语言,然而他没学过汉语——这导致他的语言能力上留有不小的缺憾,20多年后也令他在敦煌千佛洞付出了沉重的代价。他在英国的学业被打断了,但这却是件幸运的事,因为他应召加入匈牙利军队服役一年,其间接受了野外勘测的训练,事实证明这项技能对于没有地图的中亚地区是无价之宝,而正是中亚让他名扬天下。

父母过世之后(母亲在他出生的时候已经45岁),他就此彻底离开匈牙利前往印度。1888年,26岁的他在拉合尔教书。他在这边成为鲁迪亚德·吉卜林(Rudyard Kipling)父亲的友人。此人是"奇异屋"的馆长,那是一个犍陀罗艺术和其他印度艺术的博物馆,小说《基姆》(*Kim*)提到过这里。从他那里斯坦因学习了不少印度图像学以及那个年代已知的所有关于中亚佛教艺术的知识。从拉合尔出发,他开始了自己无数次对之前尚未有欧洲人踏足的地带进行的劫掠中的第一次。他跟随一支部队对印度西北边境地区进行惩罚性远征时,快速对神秘的布内尔(Buner)进行了考古调查。

无论生活怎样寂寞,偶尔几乎一年或者更久的时间见不到任何欧洲人,斯坦因还是能享受温暖的友谊。这必须通过超远距离通信来维持,信往往是他晚上在帐篷中靠烛光写下,由当地邮差穿越沙漠、翻过高山将它们寄出。然而不管是整日在沙漠里劳动后写现场笔记,还是在克什米尔与世隔绝的帐篷里写下伟大的探险作品,斯坦因总是把工作排在最先。

但是,直到1900年5月他37岁的时候才穿越喀喇昆仑山口前往塔克拉玛干沙漠,开启第一次远征。这第一次探险持续了近一年,其间斯坦因没有正式国籍。因为尽管他已经放弃原本的匈牙利国籍,却尚未拿到英国护照(到了1904年他才得到公民身份)。他听说了俄国和德国探险队在筹备启程、赫定也要重返这边的传闻。他原计划提早动身,然而要想经过政治敏感的地带必须得到印度当局的许可。而且还要劝说中国人允许他探险才行。最终他只好告假,自己筹集经费支持这趟远行。

他在上报给印度当局的申请里面进行了仔细的论证:"根据历史记载看,众所周知,现在的和阗一带一度是古代佛教文化中心……明显源自印度,且带有印度特点。"他罗列了一些在塔克拉玛干沙漠出土的写本和别的古物，指出"当地猎宝者随随便便"已然搜集到如此多东西。由此，假使欧洲的一位考古学家系统性地对丝绸之路进行探索，一定会有意义最为重大的发现。

斯坦因的远征获得赫恩勒的鼎力支持，后者是斯坦因在加尔各答权力圈里的有力盟友。为了支持这趟探险工作，他在信里面强烈主张中国新疆南部归英国势力范围，补充道："我们坚决不准别人拿走本该归我们所有的荣耀。"倘若他之前对冒险的结果有所预判，也许不会如此沙文主义。

除了赫恩勒的支持，斯坦因还意外地得到了印度最有权力的人的支持，那就是新总督。1899年4月，新任总督寇松到访旁遮普，斯坦因被派去带领他参观拉合尔博物馆。斯坦因在参观期间为新任总督讲解犍陀罗艺术的重要性，趁着这个机会他当时还告诉总督自己计划去解开埋在喀喇昆仑另一边地下的奥秘。那时寇松才40岁，已撰写过一部有关中亚的著作（虽然是关于俄国的野心），他对斯坦因说的话很感兴趣。他吩咐驻京的英国使节联络中国政府给斯坦因一本护照，允许他经喀喇昆仑路线到中国新疆。这个护照还有印度政府准许此行的文书一起准时送抵。中国政府的文书要求地方办事大臣保障斯坦因的安全，或许更为重要的是，不要妨碍他的活动。

与此同时，斯坦因对旅程进行了认真的准备。那时斯文·赫定的两卷本著作《穿越亚洲》刚问世，记录了赫定的发现。斯坦因从中获得不少关于塔克拉玛干沙漠中的旅行者面对的特殊问题的有用知识。斯坦因通过赫定在塔克拉玛干险些丧命一事得出结论，想要探索并挖掘沙漠深处的遗址恐怕只能是在冬天。因此他要为极地条件做准备，而非夏季难耐的酷暑。他先是购置了北极冒险者使用的斯托蒙特墨菲炉用来给自己的小帐篷取暖。而且他给小帐篷内面做了厚厚的毛织料内衬以此来抗寒（然而即使如此钢笔里面的墨水还会偶尔冻结，像赫定以前遇到的一样）。与此同时他带上厚实的毛皮好在旅行中使用，也可以睡在里面。但是，水源在沙漠里是最严重的问题，平均十年才下一场雨。他找人定制了若干镀锌铁制储水箱，每箱可以盛17加仑，这是双峰骆驼在沙漠里面可以驮的最大值。气温在零摄氏度之下的时候，还可以用冰块补充。

之后斯坦因行进至克什米尔的斯利那加。在海拔一万英尺的默罕德·马格（Mohand Marg）的草地上支起帐篷，日后很多年他来来往往都会住在这里，这里也成为他所有探险的始发站。还有四人跟随他一块远行，分别是勘测员廓尔喀人拉姆·辛格（Ram Singh），印度测绘局调他过来协助斯坦因进行重要的地图测绘工作；用人米尔扎·阿利姆（Mirza Alim）与厨师萨达克·阿克洪（Sadak Akhun）；还有詹斯范特·辛格（Jasvant Singh），和拉姆·辛格任务一样。整支队伍最后一名成员叫"达什"（Dash），是一条小狗，在四趟中亚行程里面斯坦因一直管他的狗叫这个名字，这是其中的第一条。

一个月过后，1900年5月31日队伍从斯利那加动身，开始为期八周的艰难但波澜不惊的行进，穿越喀喇昆仑抵达喀什。

之后的夏天斯坦因都待在奇尼巴格（Chini-Bagh）[①]这个地方，这里是马继业和他夫人舒适的官邸。马继业背景不凡，他的父亲是苏格兰人马格里爵士（Halliday Macartney），母亲是中国人（马继业从未提过这位中国母亲，甚至跟自己的子女也没提过。他在 1945 年去世的时候，《泰晤士报》刊登的讣告里面同样未提及她）。他在遥远的中亚情报站点作为英国代表工作了 28 年，根据地理学家的说法，这里是地球上离海最远的地方。马继业同斯坦因有很多共同爱好，他们建立了深厚的友谊，斯坦因之后的探险还会跟马继业一家同住。这家人的好客很有传奇色彩。"每位来到中亚远行的人都认识在喀什的英国总领事馆，而且祝福这里。毕竟所有想到中国新疆碰运气的欧洲人都晓得那里是舒适的天堂、好客的中心。"1933 年雷金纳德·朔姆贝格上校（Colonel Reginald Schomberg）如此评价马继业一家在奇尼巴格建立的传统。这一传统由他们的后继者延续下来，直到 20 世纪 40 年代末英国将这位于亚洲最遥远地区的一隅归还给中国为止。

虽然寇松帮助办理了中国护照，但当斯坦因到了政治敏感的三国交界之地，俄国总领事彼得罗夫斯基（马继业在政治情报和文物方面的重要竞争对手）的频繁行动让斯坦因的事业不是那么顺利。当地中国政府比较敬畏彼得罗夫斯基，他竭尽全力挑拨，声称斯坦因是假冒考古学家，背地里实则是英国间谍云云。虽然如此，塔克拉玛干地区的暑热一开始消退，斯坦因便与驼

[①] 意思是中国花园。

队从喀什离去，赶赴和阗，考察这个古代丝绸之路的第一绿洲。根据英国"古书"收藏的重要供货商阿克洪的说法（他同时也是圣彼得堡的古书来源），他就是在和阗附近的沙漠里发现那些古书的。尽管斯坦因的友人赫恩勒断言这些古书是真品，但斯坦因持严重怀疑态度。他这回来到中国新疆的一个重要目标就是去验证那帮猎宝人说法的真假，为了达到这个目的，他安排许多本地人去调查，试图找到更多关于阿克洪未知写本的样本，并亲自检查一些阿克洪告诉马继业、随后又被赫恩勒写进报告里的遗址。

与此同时，他还希望到赫定谈及的神秘城市进行更加彻底的发掘，也就是位于和阗东北方向的"塔克拉玛干城"。他盼着在考察完这些绿洲城镇以后，也亲自发现新的遗迹。除此之外，他打算跟拉姆·辛格一道使用平板仪、经纬仪测绘，填补地图上面的许多空白。最后，斯坦因打算追寻7世纪朝圣者玄奘的足迹，发现一些玄奘描述过的佛教圣地。玄奘曾沿丝绸之路南道从印度返回中国，自大学时代起斯坦因就十分崇拜他。

离开喀什没多久，斯坦因就对塔克拉玛干有了大概的了解。他听村民汇报，有一处被掩埋的城镇位于沙漠的东面。他满怀希望地偏离驼队的路线，让队伍里其他的人先走。然而，由于本地人所说的遗址方位极其含糊，他什么也没发现。后来斯坦因就不再寻找，转而出发探索其他遗迹。

《沙埋和阗遗址》（*Sand-Buried Ruins of Khotan*）这本书描绘了这次探险，斯坦因在书里叙述了这次与中国广阔沙漠的最初短暂相遇，日后30余年他将会对这里非常熟悉。他讲道："沙漠之海连绵不断向遥远的南方扩展，波浪状的沙丘如大海一般……沙丘越来越高，攀爬越来越艰难……马蹄深陷进松软的沙中，因此每次爬高三四十英尺都让人精疲力竭。"他们挣扎着穿越大概五英里之后，同大部队在一处井边碰头。为了保卫这个水井免受逐渐挨近的沙山侵袭，人们在这里建了一个小木头棚子。但是水来自沙漠地表六英尺之下，是半咸水，因此没法喝。

在叶尔羌，通往印度和阿富汗的商路从丝绸之路干道上分出两路。来到此处，斯坦因看到两只骆驼还有两匹矮马身上有溃烂，这让他很焦躁。本应在那里等着他的汇款也没法兑现。如此一来，只好派一名报信的人走上240多英里返回喀什找钱。同时这还意味着为了医治牲口不得不在叶尔羌暂留一周。然而，让他尤其懊恼的是他怀疑是有人故意小心地不让他知道牲口的状况，导致溃烂越来越糟。他冷冰冰地记述："时刻不忘这回的经历。从此以后基本每天都要检查牲口。而且让那些负责装运的人知道，为了替代暂时没法工作的牲畜而改用交通工具的开销要从他们的工资里扣。"

斯坦因受到中国驻叶尔羌办事大臣的隆重款待，不久他们发现彼此都对玄奘很感兴趣。为了接待新来的客人，办事大臣设宴上了十六道菜，吃了三小时。斯坦因不太会用筷子，于是为他预备了一个不成样子的叉子。人们在宴席上跟他打探2000英里之外北京那边义和团起义的消息。他跟办事大臣还有别的客人讲，据他了解外国使节尚且安全，其他一概不清楚。斯坦因那个时候也知道他们不可能信他的话。同样那些人明白，斯坦因只是效仿东方人的作风，报喜不报忧，才不肯透露一丁点义和团的情况。斯坦因深知让他们不安的是"对个人命运的关切，并非国家和民族的时运"。

此刻骆驼与马生疮溃烂的地方都已经恢复，因此斯坦因一行人继续沿着丝绸之路向东面前进。除了山上冰雪融水浇灌的绿洲附近已经开垦的肥沃土地，他们大多时候途经的都是完全荒芜的沙漠。他们在一截路上看到路边立了木头标记，防止夜里或赶上沙漠风暴的时候偏离道路——几百年来很多不幸的人就是这样酿成悲剧的。漫天的沙尘下，他们左面是一望无际的塔克拉玛干沙漠；右面则是远方积雪覆盖的雄壮山脉耸立云端，成为西藏北面的天然屏障。出发之前通过历史记载的情况还有到访过此地的人们的告诫，斯坦因已经了解在这个地方探险要面对的艰难险阻，所以刺眼火热的太阳还有路上让人陷到脚踝的沙子都没那么令人不快了。

他记述道："一路上都是干枯的死亡牲口的尸体和白骨，我不由自主想起以前的旅人同样是沿这条没有水、没有人的废土前行。玄奘在回国的路上途经这里的时候也描述了这条路。自他以后，马可·波罗以及很多不那么出名的中世纪旅人也沿着这条道路前往遥远的中国。旅行的方法和形式实际上看并未发生变化……"

他们到了小小的斯里兰加（Siligh Langar，"一些可怜的泥屋")以及哈吉布兰加(Hajib Langar,"又一个没有吸引力的路边站")之后,又来到了一处河水流经的绿洲那肥沃的花园和田地之中,这里是古玛(Guma)。在古玛跟和阗之间,往东100英里的沙漠里,就是阿克洪所说的发现很多古书与写本的秘密遗址。斯坦因在这里有机会去探求真相,看看他和赫恩勒到底谁对谁错。事后他记述:"就在古玛,我第一次有机会通过直接在当地考察的方式检验那些猎宝人的说法。"这只花了他一天时间。

起初他向本地的长者还有当地的官员打听,询问他们是否清楚以前在古玛附近的沙漠里面发掘出古书的事。然而没有人了解这个事情。赫恩勒发表的阿克洪记载的遗迹清单里面,当地人仅听说过两处。由于这两个地方距古玛不远,斯坦因便骑马前往考察。"我骑上马往东北走,身后是一队兴高采烈的当地官员及其随从。不久我们抵达了移动的沙丘区域,大概20~30英尺高,它从北面将古玛围住。"又向前走了3英里,他到了喀喇克尔麻扎。根据阿克洪所述,在这个地方他看到延伸大概10英里的一片废置的巨大坟场。喀喇克尔麻扎的意思是"黑湖圣墓"。斯坦因在这里只发现了一小片盖满芦苇的咸水塘以及一座小小的沙山,几根悬挂还愿用的破布的木头杆子立在山头,表示这里是圣徒的安息地。"阿克洪断言以前曾在圣陵附近的坟场中找到古代雕版印刷品,然而我什么也没看到。"斯坦因如是记下。他们再次往前走了3英里后到达绿洲喀喇塔格阿格齐(Karatagh-aghzi),据阿克洪所说,他在那附近的几处废弃遗迹中找到古书以及其他奇怪的玩意儿。跟本地的村民详细打听这个事情的时候，大家全部表示从没听说过有这样的遗迹，更是压根不清楚那边发掘出什么东西。这并不足以证明书是仿造的。但是可以印证的是那个以和阗为据点的猎宝人撒了谎，但仍有可能是他怕其他人掌握文物的真实出处而故意编造了几个遗迹。赫恩勒自己也指出，阿克洪没准已经找到一处古代图书馆，至于确切位置，他决定保密不告诉其他人。

斯坦因的调查暂时告一段落，第二天清早他从古玛离开前往和阗，继续朝东面行进了五天。中途他好几回偏离主路，前去考察听闻的各式各样的遗址，但最终都让人大失所望。由于经历了几个世纪风沙的侵袭，曾经兴旺的遗址除了破碎的陶片，湮没得无影无踪。其中一两处遗迹是阿克洪的"行程"里面提及的，然而斯坦因觉得这样的自然条件下绝对不可能有写本或古书幸存下来。他记述："人总是有种奇怪的痴迷，认为曾经人口众多的定居点变为完全腐坏、彻底废弃的残骸以后可能尚有些许文物遗留。"

最终，斯坦因来到中亚盛产玉器和地毯的绿洲和阗，那时他想起玄奘提过的一个怪异的传闻。这位7世纪的旅行家发现距离城镇西面约莫30英里的地方有"绵延不绝的一座座小山"。本地的人跟玄奘讲，此山乃圣鼠筑起。当地的人保护而且养着由鼠王带领的这些小动物。相传匈奴大军来犯的时候，它们啃烂皮质的马具和盔甲，由此挽救了和阗信奉佛教的居民。[①] 尽管

[①] 原书未注明出处。《大唐西域记》卷十二《二十二国》"瞿萨旦那国鼠壤坟传说"条。

1 斯文·赫定

2 奥里尔·斯坦因

2. 阿ケ・伯特、Ⅵ・斯刻古田（坐在左二）和桦冈多尔・巴塔斯（坐在右二）

4 保罗·伯希和

5 大古光瑞

6 兰登·华尔纳

7 伊斯兰·阿克洪,照片由斯坦因拍摄

塔克拉玛干沙漠边缘,照片由斯坦因拍摄

莎车的集市

10　王圆箓，照片由斯坦因拍摄

11 敦煌莫高窟神秘藏书室中的一卷卷写本

12 敦煌莫高窟

斯坦因没能发现鼠类的痕迹，然而有意思的是他看到现在虔诚的穆斯林旅人给别的神圣动物投喂食物，也就是养在某种鸟类修道院里的数不胜数的鸽子。斯坦因讲道："在圣墓的铺子里面我也买了几包玉米撒给这群飞来飞去的鸽子。"

斯坦因和他的旅队穿越了宽约四分之三英里的喀拉喀什（Kara-kash，意思是"黑玉河"）干涸的河床，之后便到了和阗。他尽可能不让本地的猎宝人晓得自己到这边来了，防止那些伪造者动手为他制作假文物。然而一到和阗，他立马在镇子里头的"非专业猎宝人兄弟会"组织起一支小考察队来担任侦察员。别人跟他说要耗费功夫才能彻底查清这一片地区，因而这个时候为了绘制出昆仑山尚未探索的地区的地图，并首次确认和阗的具体地理位置，斯坦因同拉姆·辛格一道拿着勘测工具骑马出发。

一天夜里，斯坦因从位于山腰处的营地俯瞰几千英尺下月光照耀的塔克拉玛干沙漠。他对看到的东西进行了诗意的描绘："我好像在凝视脚下无边平原上一座灯火辉煌的大城市。那里怎么会是既无生命又不存在人类的恐怖沙漠？我深知永远不会见到这般动人的壮美景致。在帐篷中我坐在那里瑟瑟发抖，忙于给远方的友人写迟到了很久的信，祝福他们圣诞快乐，塔克拉玛干的样貌在我脑海中挥之不去。"随便吃了一点晚餐之后，斯坦因"最后看了一眼脚下的魔幻之城"，回到帐篷里睡下。

他完成在昆仑山（"黑暗群山"）的调查任务之后，便从不宜居的高地那里搬走，他形容这里"极端荒芜的大自然没有给历史留下痕迹的机会。"斯坦因不在的这一个月里,考察的人员带着沙漠里发现的千奇百怪的玩意在和阗等着斯坦因回来。斯坦因不高兴地发现唯独和阗最出名的猎宝人阿克洪没来看他。他好像早已匆匆走了。然而,一本据称经过他的手的古书被送给了斯坦因。用水检查的时候,沾湿的手指轻触这本古书就足以抹掉上头"未知的文字"。不仅这样,在接受过高度训练的斯坦因的火眼金睛看来,这本书和赫恩勒在加尔各答的收藏非常像。

塔克拉玛干猎宝人特尔迪(Turdi)是个在遗迹里面搜寻金子的老手,他干了30多年了,他的父亲也从事这个行当,斯坦因对他的发现最感兴趣。特尔迪带来几幅有印度婆罗米字母的壁画,一些明显源自佛教的灰泥浮雕残块,还有古旧的纸张,上面有中亚草写体的婆罗米字母。斯坦因认真地向他打听从哪里得到的"样本"。特尔迪表示这是在和阗的东北面塔克拉玛干沙漠深处找到的,需要走上9~10天。

尽管这位老猎宝人称那里为丹丹乌里克(Dandan-uilik),意思是"象牙之屋",斯坦因认为从他所述的来看,此地肯定就是赫定到过的"塔克拉玛干城"。此外,他知道赫定只短暂地挖掘了一天就看到了斯坦因自己希望找到的引人注目的佛教文明遗迹。斯坦因作为一名考古学专家,如果仔细专注不慌不忙地挖掘,将有多大的收获啊!斯坦因决定,把神秘的丹丹乌里克作为第一次进军这片废土的目的地。而正是这片废土吞噬了中华帝国历史的一个完整篇章。斯坦因马上着手筹备,计划在塔克拉玛干过冬。

第六章

大发横财的斯坦因

11天行程过后,他们来到"幽灵般坍圮"的丹丹乌里克,最后6天他们是走在封冻的塔克拉玛干沙漠上。白天气温从未在零摄氏度之上,夜晚时而又降至零下十摄氏度。即使是在生了火的帐篷里,斯坦因发现温度计下降到零下六摄氏度以下时就没法工作。睡觉同样是个难题。他记述说:"睡醒时发现胡子因为呼出的气而冻硬了,让人很难受。"他最终使了个法子,用皮衣蒙住脑袋,通过袖口呼吸。

他在塔克拉玛干沙漠边沿的最后一个绿洲阿特巴希村(Atbashi)招募了30个伙计,人手一把锄头。由于害怕,他们不想冒风险去沙漠,他们最害怕的就是精怪,或者说魔鬼。这样的想法在情理之中。但是在头人的压力、薪水的诱惑,以及特尔迪和斯坦因身边另外两位经验丰富的老手对沙漠状况打包票之下,最终斯坦因让他们改了主意。但临行之前,斯坦因为每个人分发了一件当地能买到的最厚的冬装。

随着探险队逐渐深入沙漠，人与骆驼的脚也都陷在松散的沙子里，这导致前行缓慢，力气消耗，身负重载的队伍一个小时仅能走上1.5英里，结果一天下来很少能行进超过10英里。他们最后在圣诞节前一周抵达了"周围十分诡异，布满死亡气息"的丹丹乌里克。斯坦因一下子就发现猎宝人先前就来过，因为有很多显而易见的破坏（他可能认为赫定就是破坏者之一，尽管他十分圆滑，没有这么说）。虽然还是没找着心心念念的黄金，但特尔迪坦言多次到过这里。这一丁点儿没打消斯坦因发掘的意向。他深知在这个上帝遗弃的地方，他们这支劫掠小队资源不足，顶多能待一两天。他们任意发掘在地上裸露出来的建筑，对深埋沙丘之下的遗迹暂时不动手。特尔迪熟悉这片遗址，事实证明这一点价值非凡，他给斯坦因指出了哪些房屋还未遭掠夺。

斯坦因最为关心的问题是避免队伍在零摄氏度以下的夜晚冻死。虽然大家都裹了很厚的衣物，斯坦因还是得遍地找柴生火，所幸柴火就在身边——这座死亡之城的果园里历经百年漫漫时光的枯木。他把帐篷支起来，让驼队前往东边相距三天路途的克里雅河，在那边有饲料，骆驼可以恢复力气，好日后继续赶路。

由于时间紧，第二天早上他们就着手挖掘。多年来，斯坦因就在筹划和等待这一刻。在他到的第一个塔克拉玛干沙漠中的遗址丹丹乌里克，他的理论、学识和才干要经受检验。他从紧挨帐篷南面的一处方形小建筑遗迹开始。特尔迪很久之前在这个地点进行过挖掘。他告诉斯坦因这是个"神像之屋"。但是比起其中的文物，斯坦因更在乎的是熟悉这类圣祠的构造和布局。

斯坦因的传记作者珍妮特·米尔斯基分析说："丹丹乌里克宛如课堂。斯坦因在此熟识了遭到沙子掩埋的古代圣祠和建筑物的相关基础知识：传统的布局设计、构筑与装饰、艺术以及其中的一些仪式活动等。他还把遗址当作实验室，为这种被像流水一般的沙子所掩埋的遗迹研究出最适合的挖掘办法。由于沙子像水会流动，只要一挖，新的沙子又会立即流回去。斯坦因找不到前人的案例供参考，缺乏在考古学的注意事项、目标和方法方面受过训练的劳动力……他的法子是由简单到困难，由心里有数的部分再到那些不曾想过会发现什么的部分。斯坦因的办法兼具谨慎仔细和试验意味。"

尽管发掘时候斯坦因慎而又慎，而且这里已经遭到过洗劫，但首日的挖掘还是稳步收获了不少古代的佛教壁画以及灰泥浮雕。每件发掘的东西都要在原地小心拍照并对发现地做详尽标记，之后才被搬走。就这样，共计150件文物准备好历经漫长而危险的旅途运到大英博物馆。第二天，斯坦因转而对沙子下面八英尺的一小群建筑物展开发掘。他在这里也发现了壁画，但大多太脆弱，不好移动。但截至目前，除了一点碎纸片，仍未发现写本。然而，斯坦因最想得到的正是这种带有揭示性信息的东西。因此，他也像赫定一样，决定奖励最先发现写本的人以白银。结果不到一小时，传来一声兴奋喜悦的叫嚷"卡特"——突厥语"笔迹"的意思。

发现的手稿是古老的卵形的纸张，写有非印度语的文字。后来证实，这是一种特别的印度写本形式，由很多页组成，打圆形孔洞后用绳子穿在一起，发现的这部分是其中单独的一页。那以后很快陆续有手稿出现，皆为梵文的佛教典籍。其中部分似乎写于5世纪到6世纪。斯坦因立马意识到自己在发掘的是整个藏书室，可能属于某个佛教寺院。

然而匪夷所思的是，从其余的遗留物分析，写本所在的位置是一个厨房。此外，它们是在距离原来的地板高几英尺的散沙中被发现的。唯一可能的解释是，它们很可能是从上层房间掉下来的，也就是由一座小庙宇的藏书室落到下层的厨房中，所有上层建筑结构都因饱经风沙长久的侵袭而化为尘土了。

1900年的圣诞节，斯坦因开始在一组填满沙子的建筑中工作，这里距营地东北方向约半英里，显而易见是寺庙。尽管这边也呈现出通常的那种遭到猎宝者破坏的迹象，但斯坦因的直觉认为倘若留神挖掘，没准还能有重大收获。事实也的确如此。最初发现两幅木版画。其中一幅稍大的数月以后在大英博物馆清理剥去沙土后，呈现出人像，但头部是戴冠的老鼠，端坐在两名侍从当中。这显然描绘的是拯救和阗的圣鼠鼠王。

下一个发现是两张写有文字的纸片，斯坦因很快认出这是在赫恩勒博士藏品中见过的，"特别的草写体的婆罗米文"。不久在干燥的沙子里挖出其他类似的碎纸片。斯坦因用冻僵的双手展开这些皱了的文献,大略检查后发现与加尔各答收藏的相似,很显然有关联,赫恩勒博士之后也确认了这一点。斯坦因觉得加尔各答藏品中的那些东西恐怕就是早些年特尔迪在丹丹乌里克发现的。之后他仔细查验褪色的薄薄的纸片,证实它们是 8 世纪的官方及个人交易凭证,里面包括借据以及征用令。

圣诞节当天还有很多惊喜,其中包括中文的文献。马继业之后对其中之一进行了翻译,发现是要求还驴的申诉书。驴租给俩人后过了十个月,非但没还,甚至连人都找不到了。更为关键的是文件有明确的日期——大历十六年二月六日,即公元 781 年。[①] 申诉书中提到的地址是桀谢,这几乎无疑是丹丹乌里克原来的名字。加尔各答已经有另外一些有一样名字的相似文献了,很可能这些最开始也都是特尔迪挖出的。时至今日他仍然记得很清晰,好多年前他在此地发现写有汉字的类似东西,那会儿他把这些都卖给了一个和阗商贩。

如果不是特尔迪,斯坦因在圣诞节的最后冒险将可能是以悲剧来收场。斯坦因和伙计在入夜时走回营地,他在沙丘下面捡到一枚中国钱币,根据上边的日期看起来是 1200 多年前的古代钱币。他在原地徘徊,期望寻找到更多,而其他人已经往前走掉了。他事后回忆道:"过了一会儿,夜幕降临时我开始往回走,结果走错路了。之后我在低矮的沙丘里跋涉了一英里徒劳

---

① 大历为唐代宗年号,仅有 14 年。779 年唐德宗即位,780 年改元建中,所以 781 年实际上是建中二年,学界推测此时西域唐军已经因吐蕃入侵与中原失去联系,因此不知道已经改元。

地试图找到营地。四下寂静无声，也没有任何能为我指路的标志。"现在他在黑夜中完全迷失了方向，会在夜里冻死。意识到自己正在面临的危险后，他立即在尚能看见自己的脚印时折返。刹那间他发现沙子里裸露出前些天他注意到的古墙残迹，这里位于营地东南方向很远的地方。他记述说："我靠着回忆中遗址的相对方位向右转，沿着所知的西北—东南方向的沙丘峰线缓慢前行，边走边喊，直到听见有人答应。"特尔迪发现斯坦因不见后惴惴不安，让大家两人一组去找。"在这个小意外之后回到我的帐篷里饮着热乎的茶，这让我倍感愉悦。"斯坦因婉转地写下了欣慰和感激之情。

翌日，他着手发掘昨夜救了他的命的遗址。首先是清理一座小佛寺的沙子，在里面发现了不少有意思的壁画和绘着图案的木板，以及更多的写本残片。但是，在下一个遗迹的底层发现的文物更重要。在干燥的沙子中他们掘出一小批卷得很整齐的汉字文书。由于多年以前这座城市的水源尚未最终枯竭时存在的湿气，其中一些严重腐烂，湿气应该是通过泥土地面透上来的。幸运的是其他文书保存完好。后来两位知名的汉学家爱德华·沙畹（Edouard Chavannes）和罗伯特·道格拉斯爵士（Sir Robert Douglas）将这些翻译出来。其中包括两张个人的小额借条，一个是借钱，另一个是借粮食，从文中看是由护国寺僧人秦英所写，里面有借款人和担保者的名字，同时补充说明，愿意用家庭用品和牲畜来抵押。两份借据年代一致，都是782年。

斯坦因指出由寺院的中文名字（"护国"字面意思是保卫国

家)连同第三个文件上主管僧人的中文姓名,"一眼便可知道寺庙出自哪一个国家"。然而他补充道:"由借款人和担保者的姓名看,很显然资助寺院的人却不是汉人。"对斯坦因而言,这些东西的价值体现在其记载的生活琐事中。他解释说:"其性质不重要,篇幅和内容又无多大意义,因此这些文书不可能是在寺院被最终遗弃之前保存了很长时间的东西。"文书的时间跨度为782年到787年,由此判断,丹丹乌里克陷入沙漠之中的时间约在8世纪晚期。

斯坦因在同一个废址里还发现三个绘画生动精美的木板。其中一幅描绘骑在马上的一个人,另一幅则是一个人跨在双峰骆驼上。他刷掉木板上的沙子,马上发现这在艺术史上至关重要。事实上这就是他一直寻找的能够证实其理论正确性的最清晰的凭据。这些画不仅在笔法和构图方面显示出7世纪丝绸之路艺术家达到的高超水准,其无疑"融合"了印度、波斯和中国风格的技法,更是为西域艺术缓慢东进时如何逐渐形成提供了一个教科书般的实例。

斯坦因形容这幅精美的小画时如是写道:"马匹上的骑手年轻英俊的脸上显示出了中印两国特点的有趣结合,他乌黑的长发在头上盘成松松的发髻……着黑色的高筒毡底靴子,很像今天中国新疆富有人士仍在穿着的样子,上边还有马刺……腰间挂着一把直直的长刀,看上去和早期波斯或其他东方伊斯兰教国家所用的样式相似。"谈及马具与服饰时,他说道:"8世纪到今天新疆流行的马饰中,找不出比这幅画得更精准的。"

在丹丹乌里克差不多三周的日子里，斯坦因共挖掘了14处建筑。他认真调查了遗迹的地点，细心观察似乎有鬼魅出没的花园以及杨树林荫路，那些杨树枯瘦裂开的树干半埋在沙里。四处都能找到古时候水渠的遗迹，"很明显，灌溉水渠的样式跟今天仍旧在中国流行的一样"。他总结称，丹丹乌里克并非因为任何突发的灾难而废弃。他提出了两种可能的解释：一是因为政治动荡导致公共灌溉系统被忽视，缺乏灌溉系统生活就难以维系。二是维持这一系统的水源多年来慢慢干涸，使居民们别无选择；只能离开。他指出，所有考古学证据都表明这是日渐衰落的过程，绝非如当地传闻一般是繁华的商贸之城突遭厄运。

1901年1月6日，斯坦因支付给雇工酬劳后，领着装载宝物的探险队穿过沙漠，往东去克里雅河，试图循着河流到上游的克里雅绿洲去。对于丹丹乌里克这个最终成功印证了他长久以来对塔克拉玛干沙漠抱有的执念的地方，他写道："当我同忙碌三周的静默沙丘告别之时，内心感慨万千。这些沙丘足以回答关于那些奇异废墟的大多数相关问题，沙丘帮助保存了这些遗迹。多次经过起伏的沙海波浪的我，对这种单调枯燥的景致几乎产生了某种热爱。我离开之后，丹丹乌里克又将恢复昔日的寂静无声，可能一千年来从没有人像我一样打搅了这里那么久。"他们得穿过一连串沙山才能抵达河流，有的甚至高达150英尺。最终，他们来到"浮冰闪耀"的克里雅河，然后向南去往相对现代一些的克里雅绿洲。斯坦因期待在那边获得一些周围其他遗迹的信息。

对于往往在一处遗迹耗费多年的现代考古学家而言,像斯坦因这样在一处发掘完又转移到下一个的高速进度着实不可思议。然而要记住的是当年的科学考古仍属于幼年期。不仅这样,在这种极度恶劣环境下只能进行闪电战般的突袭,他们能带的补给量限制了工作时长。再者,跟施里曼(Schliemann)这位德国考古学家不同,斯坦因没有强大的个人财产作为后盾,只得在不情不愿的官员那里争取一点考察经费,并且回去后还要跟他们说明远征的收获。此外,他本人是公务员,在限定日期内要回去复职,因此时间是最重要的。只有发掘尽可能多的地方并证明在塔克拉玛干沙漠会有令人震惊的发现,他才有机会为日后的考察争取到支持。

考察队在克里雅待了五天。斯坦因的小狗"达什"成了当地狗群的公敌。斯坦因记述说:"徒增了许多麻烦。它一再向村里的大狗挑衅,我们还得护着它以防受到大狗伤害。"到达克里雅的第二天,斯坦因在当地走访,听说了另一处废弃的城市,位于尼雅(古代丝绸之路东面第二大绿洲)以北的沙漠里。一位长者能够证明,他称自己在十年前左右亲眼见过半埋在沙漠里的古代遗迹。

斯坦因于1月18日动身到尼雅。他写下:"距离市镇不足2英里的地方,我们再次进入北面大漠边沿那荒无人烟的黄沙之中。"尼雅本身也是一个古老的绿洲。在这里,当他们计划勘察北面大约70英里外的年代久远的古城遗迹的时候,他无意间得到了这个地方的确存在的证据。他的一个队员同村民闲谈时得知，这个人有两块来自古城的刻有文字的木板。检查后发现上面书写的是佉卢文，这是公元前后若干世纪在印度最西北端使用的一种古老文字。经过追问，他们找到了真正挖出这些木板的人，他是去年在古城一个废弃的房屋中试图挖宝时发现的。当时他还发现有很多类似的东西。他偶然发现了一些木板，扔了一部分，其中就有斯坦因看的那两个，其他的则当作玩具给小孩子。斯坦因给了那个从路边捡回扔掉的两件文物的人很丰厚的报酬。这使得最开始找到这些木板的那个人非常懊悔，他名叫易卜拉欣（Ibrahim）。然而，斯坦因请他担当自己的向导，许诺倘若能够带他们去之前发现木板的地点，会给他一大笔奖赏。与此同时，斯坦因告诉自己人时刻监视向导，避免他有可能想要把这笔潜在的巨大财富占为己有而改了主意溜掉。斯坦因解释说："我所珍视的那些木板的价值，不大可能瞒得过他。他之后貌似十分懊悔没能自己全部带回那些挖掘出来的木板。"

他们沿着冰封的尼雅河向下游又行进了五天，远方积雪覆盖的昆仑山脉在身后熠熠生辉。这时队伍看到了头两个房屋废墟，与幽灵般的丹丹乌里克没什么差异。但从这里（这里也称为尼雅，尽管位于现在同名城镇更北的地方）的一个房子中找到的精美木雕式样来看，斯坦因立即意识到这里比丹丹乌里克古老得多。这些木雕中早期犍陀罗的影响清晰可见。

当第一天快结束时，斯坦因深知易卜拉欣没有带错路。仅仅在一个房间里面便发掘了85个刻字的木简。后来，又在其余清理掉沙子的房子里找到更多木简，大多保存完好。值得注意的是，这些均为木制品，当时纸（105年发明）还没传入这里。木简大多为楔形，长7～15英寸，靠绳线成对串联。在还连在一起的一对木简中，佉卢文段落朝内相对，墨水新鲜得像刚写完一样。和现在的信封一样，外面是简短的文字，这是地址。另外部分木简有陶土印，其中的奥秘日后才能揭晓。当天夜里斯坦因在帐篷里小心检查了这些神秘的文献后，判断这可能是行政指令或信函，是一种早期印度俗语，用佉卢文书写。

这时斯坦因将注意力集中在最先经过的两座屋子。后面的一些天，他的人得到了南边最近的村子的人的支援，在这两个屋子里出土了一系列有趣的文物，其中包括一个雕刻精美的凳子，至今在大英博物馆还能见到。从这两个屋子和其余屋子里挖掘出的物件还包括一个古时候的捕鼠器、一个榰头、一个结实的拐杖、弹拨乐器的残片、一张上了弦的弓、一把带雕刻的凳子、色彩和谐且几何图案精美的地毯残片以及很多其他日常生活器物。但是，好像跟丹丹乌里克一样，斯坦因找到的东西除了富有历史价值，本身几乎没什么内在价值。这处遗迹看上去也好像是被逐渐废弃，而不是突遭大难。由此住在这里的人有充足的时间带走贵重物品。显然当地的猎宝者从不曾想过这种可能性，他们还在盼望着从遗迹中发现被匆匆遗弃的黄金或其他值钱的东西。

挖掘那两座孤立的房屋时，斯坦因忽然意识到自己是伫立于一座古老的花园里。已经枯死了几百年的杨树干仍然伸出沙子外8～10英尺，构成了林荫道和小广场。他记述道："我有某种奇怪的感觉，时间的概念近乎不复存在，我漫步在两条平行的篱笆之间，它们仍然围起一条乡间小路，与17个世纪之前的似乎没有多少不同。"除了白杨树的树干，发掘的人在沙子下面发现了果树的残骸，有苹果、李子、桃子、杏和桑树，他们通过与自己村里的树木对照认出了这些木头。

接下来斯坦因转移工作重点到距营地北面2英里的地方。他已然发现方圆几英里内遍布至少六处遗迹。他看到一处破败遗迹周围的沙子上面散落不少木简，由于日晒，字已经褪色。他计划在这里开展挖掘，不久找出有汉文的窄木片。他很快发现自己挖开了一个古时候的垃圾堆。事后斯坦因记述："整整三天的发掘，我不得不吸入它的臭气，这味道即使过了几百年仍旧刺鼻；还不得不吃进去好多古代的微生物，值得庆幸的是它们已经死了。"虽然坑里全是丢弃的碎陶器、烂布头、稻草、残缺的皮子和"不那么好闻的垃圾"，但是他仍旧找到一层层带文字的木简。

斯坦因全然不顾冻得发麻的指头和冷风吹来的臭气，仔细标记每层沙子里出土的木片——总计200多个。虽然这不是什么愉快的差事，然而对那些翻译其文字并为之断代的人来说，这是非常必要的工作。除开木片，他还发现两沓书写在皮子上的佉卢文文献，都整齐地折叠在一起。他能看出这些是某种官方文件，大部分有日期，然而遗憾的是，上面仅标记了月份和日子，没有年份。

另外还出土了带有陶土印的木简，数量可观，类似第一天他发现的那种。清理干净当中第一个木片后，斯坦因吃惊地认出帕拉斯·雅典娜的形象，带着雷霆和圣盾。另外的封印也描绘了希腊众神，其中有一个站姿的厄洛斯、一个坐姿的厄洛斯、赫拉克勒斯以及另一个雅典娜。部分木片有男女头像，采用古典风格描绘，但带有野蛮人特点。这是西方图像沿着丝绸之路往东发展并深入这个遥远的中亚角落的明证。似乎是为了象征这种东西方的融合，其中一个木制"信封"有两枚印章，其中一枚从上边的中文来看，归属于管辖东面遥远的罗布地带的中国官员；另一枚画着头像，明显是使用了西方古典样式来刻画。

至今学者们仍在研究这批丰富的文件，其中包括了发给地方官和治安员的报告与指令：诉状、传票、逮捕令、劳役名录、账簿以及与这个消亡多时的社会相关的日常杂务等。据斯坦因判断，所有文件都是使用一种早期印度俗语，以佉卢文书写。今天在印度仍未发现这么早的与日常生活息息相关的文献。因而这批文件的出现多少为玄奘和古代西藏典籍中记述的当地传闻提供了一些证据，传闻称在前2世纪左右，和阗被呾叉始罗（今天在巴基斯坦）过来的印度人征服并殖民。他们发掘的大量钱币可以追溯到东汉时期，东汉于220年覆灭，与此同时还发现一份有明确日期的文件，相当于269年，那时候晋武帝统治西域。从中斯坦因得出结论，此处就是该时期过后没多久被废弃的。他记述："政治经济的大混乱导致中国政府从这里撤离，这容易让人们将其与这片地方的废弃直接或间接地关联起来。"

尽管掩埋的很多遗迹仍有秘密待诉说，然而在塔克拉玛干沙漠的寒冬持续工作十六天之后，斯坦因和手下的人精疲力竭。因此，派去寻觅那些未经发现、还在沙丘下面掩埋的房屋的人们什么也没发现，对此斯坦因并不见怪，他深知"这些人很显然有自己的理由"。沙暴的季节快来了，他意识到这是再次出发的时候。因为他在尼雅听说，位于丝绸之路更遥远的地方存在其他的遗迹。他计划在将大量宝藏最后带回国前，再去探索一番。

他2月13日离开尼雅，穿越沙漠，向东面的安迪尔河（Endere）进发，这也是一条融雪形成、流进干旱的塔克拉玛干沙漠的河流。他们要去的新地点据称在河的另一边。一星期过后，他们抵达并跨越结冰的河流。斯坦因面前是已经熟悉的景色——古老的木桩一排排伸出沙子，这表明这个荒凉的地方昔日的繁华。除此以外，有巨大的沙土壁垒环绕着一些遗迹，高约17英尺，底下大约宽30英尺，上端还立起一面砖砌的防御墙，防御墙高5英尺。这明显是为防卫而建造的，然而，到底防御何人？斯坦因思虑的时候，他的雇工从120多英里开外的尼雅前来。与平常一样，他周密的规划获得了回报，这使他能够立即开始工作。接下来的七天当中他们紧锣密鼓地发掘，从大清早开始，到深夜靠着营火的光亮继续工作。

清理古老壁垒内一座佛教寺庙的废墟便花费了快两天的时间。在这里，除了与真人等大的残破灰雕，斯坦因还发现了文字，之后，专家证实这是目前已知最为久远的藏文样本。后来伦敦方面通过仔细考证，发现这些书写在结实的黄纸上的文字是佛经。他在周边的墙面上也找到了藏文涂鸦，并谨慎地拍了照。

另一处文字则令人困惑,这回是汉字,记载了719年一位汉人官吏到访。而70年前僧人玄奘在这附近旅行了10天,他记述称这里不见有人居住。但是玄奘却提到就在斯坦因现在进行挖掘的地点(即如今的安迪尔)存在荒废的定居点。为了解开谜团,斯坦因想要之后再到访这个遗址。来自古代垃圾堆的证据显示,被遗弃在沙漠中几百年后汉人又重回安迪尔,但这是玄奘来访之后的事了。此地修筑圆形壁垒明显是为了困住好战的吐蕃人。在壁垒之内找到的藏文涂鸦证实了中国史料记载的8世纪末吐蕃人最终将汉人赶出这一区域的事实。

安迪尔是斯坦因第一次丝绸之路旅行的最东端。他对发现和学到的东西很是满足,觉得是时候动身回国了。然而他没有很急,还计划归途中再顺路参观一些原先就想前往的遗迹。他在克里雅得知绿洲之间早就满城风雨,谣传他在沙漠中失落的城镇里发现了什么。相传他的骆驼满载着金子和其他珍宝。值得庆幸的是斯坦因给当地中国官吏看了一些佉卢文文书,使他相信那些所谓的"宝贝"根本不是那么一回事儿。

他接下来的目的地是废弃的城镇喀拉墩。它位于塔克拉玛干沙漠深处的克里雅河河口,这里也是他从赫定所著的《穿越亚洲》一书中了解到的。他们经过了一段特别不舒服的旅程才抵达那边,因为那个时候已经到了沙暴肆虐的季节。斯坦因发现哪怕戴了护目镜也没法防备无孔不入的沙尘。由于无法看清道路,斯坦因不得不寻找遮蔽物,同时让雇来的本地向导先行去找遗迹。很快向导带回了一片古陶片，说是从西边3英里左右的遗迹找到的。然而喀拉墩令人失望，是斯坦因为数不多的几次失败之一。尽管斯坦因跟他雇的人不停地发掘了两整天，但没有得到任何重要的东西，只发现少量古代的小麦、大米、燕麦，还有某种当地的粥，斯坦因发现这东西可以用来粘信封。这边大部分建筑早就被斯坦因所谓的"腐蚀的力量"彻底毁坏了，之后又过了很久才被起保护作用的沙漠掩盖。

《沙埋和阗遗址》是斯坦因写的关于他第一次丝绸之路探险的书。他在书里面讲，如果说喀拉墩是一座古城，"那更多是出于想象，而非考古学家的认可"。对赫定来说，这样的观点或许听起来有点像是奚落他的意思，因为是赫定使得斯坦因去了喀拉墩，这趟旅程不仅完全空手而归而且还很难受。考虑到斯坦因要对赫定不胜感激才是（从丹丹乌里克那里算起），这些话就有些刻薄了，而且也不是很有斯坦因的风格。不过不久他的坏脾气就平复了，因为下一处遗迹——壮观的热瓦克（Rawak）将会弥补一切。

当他要离开喀拉墩的时候，信使带来马继业的消息，粗略告知了他维多利亚女王去世的事。尽管斯坦因还没有正式成为英国人，但他早就是帝国忠诚的仆人。他称呼维多利亚女王为"我们的女王陛下……自她进行海外扩张以来，成为英格兰历史上最杰出的统治者"。紧接着斯坦因讲："我向两位印度雇工转达这一悲惨的消息，那时他们肯定与我一样，发自肺腑地哀悼女王离世。"

热瓦克位于和阗以北的沙漠里，意思是"大厦"。然而向导只是说有"一间老屋"半埋在沙漠里。不过斯坦因却马上认出这是一座孤零零矗立在沙丘之间的雄伟佛塔。这是他到目前为止看到过的最威严的建筑，其大部分塔身掩埋在沙子下面约莫25英尺深，但其他部分露在地表，依旧可见。让斯坦因十分震惊的是，周围地上四处散落着巨大的灰泥佛像的头，这是那些搜集金银财宝的本地猎宝人扔的。斯坦因意识到此处是重要的遗迹，马上派人去最近的村子（距离大概一天的路程），催促更多人赶来。

斯坦因和他的人在接下来的九天之中挖出一排排高大的佛像和菩萨像。他们从沙丘里面总共发掘出91尊类似的雕像，还有不少小型的侍者造像和一些小型壁画。令斯坦因感到遗憾的是，碍于尺寸的缘故和现有条件，那些比真人还要高大的造像一个也运不走。他深知即使他事先知道在这儿能找到什么并准备特制的箱子，要安全运送这些巨大而精致的塑像一路去印度或是欧洲也是不可能的。因此他只好将它们拍下来，记下准确的方位，他在笔记中认为它们与犍陀罗早期作品关联紧密。

从造像周围费劲挖走的沙子又被斯坦因细致地填回去。他记录："这是令人忧伤的工作，让我想起真正的葬礼，我不愿见到被我发掘出的造像一个个又再次回到掩埋它们好几百年的沙漠棺木中。"然而后来证明，他试图保护这些在这个完全荒芜的地方存留1500多年的艺术珍品的努力全白费了。斯坦因希望有一天和阗建起一座自己的博物馆，用来珍藏和保护这些造像。

然而他在五年以后又来到这个地方的时候,却失望地发现一伙中国盗墓者到访了佛塔,他们以为造像里面或许藏着宝物,于是毁坏了全部造像。

至此斯坦因在中国新疆的首次探险结束了。尽管当时只是4月,但沙漠里已经如此酷热,没法进一步开展工作。但在带上骆驼和马运载的艺术品及历史文书回国之前,他还有一件事要做。这件事的结局引发了东方学者强烈的反响,特别是让一个人备感尴尬。斯坦因忍着沙漠的炽热和让人窒息的沙暴,朝南边的和阗走去。

第七章

揭露伪造者

斯坦因打算在把宝贝带回遥远的伦敦前彻底揭露一下关于阿克洪的真相。尽管现在他有足够的凭据证明这个和阗寻宝人是个骗子,而且他亲自挖掘的时候压根没见到阿克洪的"看不懂的文字"的任何痕迹,但这还没法彻底确认他的那些"古书"全是伪造,或者说他自己是个伪造者。处理问题的办法仅有一种。斯坦因要和这个人正面对质,如斯坦因所说,"他制造的东西之前已经引发欧洲学界的极大关注"。最初他获得随和又博学的中国驻和阗办事大臣潘大人的信赖。斯坦因写道:"阿克洪也许会想办法溜掉。由于情形紧急,我示意这位见多识广的官员务必迅速并谨慎地采取行动。"

1901年4月25日一早,阿克洪在附近的一个村子被办事大臣派去的人抓住,他在那儿过冬,充当医生。阿克洪完全措手不及,跟在他后面的斯坦因拿上了从他住的地方还有和阗的家里翻出的"各式各样的纸"。不出所料,斯坦因在其中发现了人为脱色的纸,上面有他现在非常熟悉的未知文字。虽然证据确凿,但是阿克洪仍然辩称自己完全无辜。斯坦因记述:"审问这反复无常的人是耗费时日的一件事。足足两天过后,我觉得和印度的法院一个样。"阿克洪辩白称他仅仅是替和阗的特定几个人向马继业以及喀什的其他一些人兜售写本,是这几个和阗人告诉他写本是他们在沙漠里找到的。这些人说的可能是真的也可能是假的,他们有的死了有的逃了。他发现欧洲人迫切寻找这些书后,便让那些人再找更多。斯坦因补充道:"现在他哀叹要让他一人独自承受造假的罪过——倘若真的是这样的话。"

阿克洪表示要为让他身陷难处而负责的人是穆罕默德·塔里（Muhammed Tari）与穆罕默德·西迪克（Muhammed Siddiq）,他们早已分头逃向叶尔羌和阿克苏。还有第三个人,这人恰好又死了。斯坦因发觉"这是阿克洪为了自保处心积虑想出的挡箭牌,他之前曾被法律惩罚过,所以固执而小心地紧握这个挡箭牌不放",事实也的确如此。阿克洪曾经自称马继业的特使,还敲诈村里的人,因此挨过板子,还被关了起来。还有一回他伪造本地一个老爷的笔迹来骗钱,因此被罚戴上中国粗重可怕的木枷,戴着这个的囚犯是没法自己吃东西的。

斯坦因启动所谓的"奇特的半文物半法律的审讯"以前,他自己向阿克洪担保他不打算在办事大臣的法庭上深究这件事情,"毕竟我知道根据中国法律流程,这一环节要使用某种特别灵验的法子——酷刑"。斯坦因补充道:"我自然不同意这种做法,他要是这样招供的话对我也毫无价值可言。"但如何拿到必需的证言?斯坦因留有最后的王牌——赫恩勒的报告。

在辩护中阿克洪不承认以前去过任何一个相传挖掘出写本的地方,他说只有那三个给他提供写本的人去过。他只是把这些遗迹的细节和发掘的古物一起转给最终的买家而已。他不知道或者是忘掉了的是,马继业已经详细记述了他为自己在寻宝探险中塑造的个人形象,赫恩勒又一字一句抄在报告里,而斯坦因又找到了这报告。因而斯坦因开始高声念起来时,阿克洪惊诧万分。他完全没想到那么多年前讲的故事竟然还有人记得,甚至永远备案在官方的报告里面,如今反而拿来对付自己。

现在阿克洪的辩护开始很快瓦解。他先是让了一步,坦言自己以前见过在一个荒废的圣殿里面有三人在制造假古书,他后来就帮他们卖书。然而此时他发觉面对的是摸清自己老底的斯坦因,只好越招越多。最后所有事他都招了。他跟斯坦因说1894年之前他仅仅做点钱币、印章还有别的这类文物的生意,这些玩意儿全来自和阗周边村镇。然而后来他从阿富汗商贩那里听说,一些老爷出非常高的价钱收购特尔迪和其他人从丹丹乌里克挖掘出的古书。因此他打算也做这行当。斯坦因记述:"然而对阿克洪这种偷懒耍滑的人来讲这种事情并不吸引人。毕竟在沉闷的沙漠里造访遗迹势必要遭罪,而且挖掘到东西的可能性很小。"于是他有了自己制造古代写本的念头。

之后很快他和至少一个同伙在小作坊里面不停地生产出这类写本。他们最好的两个主顾是对手——马继业跟彼得罗夫斯基，他们两人都急于收购这些东西，特别是马继业，因为根据加尔各答的指示，要求中亚代表尽可能多搜集文物。如此一来阿克洪拉拢英国人，他的一个搭档易卜拉欣·穆拉（Ibrahim Mullah）则给俄国人供货。易卜拉欣多少懂点俄语，事后看来这个阴险团伙制造的看不懂的文字外形的确有点像俄文。事实上学者确实留意到了这一点，然而他们猜测这些看起来像是西里尔字母的东西是源自古希腊字母。斯坦因想要跟阿克洪一起审易卜拉欣·穆拉，然而他一听说阿克洪被捕就逃离了和阗。

1895年这位造假者制造并卖出了第一批写本。阿克洪跟斯坦因说，早先他仿制的是丹丹乌里克出土的婆罗米字母写本。在这个方面他和搭档完全成功，他们造的很多假货已经是欧洲各大博物馆的藏品，而学者们仍在费力去解读这些玩意儿。作坊非常兴旺，大家满是信心。在《沙埋和阗遗址》里斯坦因记述道："不久阿克洪发现反正他的'书'很容易出手，虽然来收购的欧洲人都看不明白这些文字，也分不出真假。既然如此就没必要自寻烦恼去模仿真正古书残片里面的文字了。"于是每个搭档创造了一种自己的"未知文字"。斯坦因补充道："这也解释了这些奇怪的书体为何有如此惊人的多样性。对英国藏品中的这些假书的文本分析表明同一时期有不下十二种——协助鉴别这些'未知文字'的东方学学者还不十分确定。"

不久阿克洪与搭档发觉他们无法满足对仿品的大量需求，这是因为仿制耗费时间，还需谨慎操作，所以他们计划采用目前手头仅有的技术手段——雕版印刷。1896年第一批使用雕版印刷的书亮相。他们的工作很顺利，以至于1899年赫恩勒博士在自己的学术报告中对其中45本进行了全面描述和阐释。斯坦因记述："在这些假书反复出现的段落中，其字体同样也出现了不同寻常的大量变化，并且这些假书的尺寸和厚度往往很惊人。"

阿克洪的辩解一失败，就一五一十告诉斯坦因他想了解的关于这个特殊的作坊如何运作的一切，这个位于遥远中国一隅的作坊生产的东西长时间糊弄了赫恩勒以及其他学者。斯坦因叙述："实际上他似乎喜欢看我感兴趣的样子。"他告诉斯坦因，他们用的纸张从当地购买，之后又使用一种从本地木材中提取的染料把纸染成黄色或浅棕色。手写或印刷文字后，将纸悬置在火上，"以此让烟气熏出跟古物接近的色调"。有时候他们操作不是很小心，斯坦因提到加尔各答藏书里有一些书稿还带着燎焦了的印迹。然而即便是这样，赫恩勒也没察觉。接下来的步骤是装订。而从真实性方面看，他们装订的办法无疑宣判了自身的死刑，这是因为他们明显是粗劣地模仿欧洲书籍装帧手段，尤其是较晚"发掘出来的书"。即使如此反常的情况也未引起马继业、彼得罗夫斯基、赫恩勒以及其他人的警惕。他们被欺骗而不自知。最后，在喀什把古物交给丝毫没起疑心的买家以前，造假者再用塔克拉玛干沙漠的细沙把假货完全覆盖涂抹一番，看上去仿佛是刚从大漠遗迹里面挖掘出来一样。之后斯坦因写道："我清晰地记起，1898年春天查看一位克什米尔收藏者手里的一本这种假'雕版印刷书籍'的时候，我得先用刷衣服的刷子刷一刷。"

斯坦因早已想好不会提出处罚阿克洪的要求；他同样也跟阿克洪说了这个决定，好让他可以老老实实交代。然而不管怎样，他认为责备这样半个文盲的造假者的时候，同样需要责备争相收购赝品的人，他们那么不加鉴别地抢购这些假货无异于鼓励了骗子。在《沙埋和阗遗址》中斯坦因未提及任何人的名字，然而很明显他要诘责的是友人马继业以及俄国的彼得罗夫斯基。然而，他一想到赫恩勒与别的学者浪费不少宝贵时间在这些无用的东西上面，他便为阿克洪受到中国当地法律的制裁而高兴，虽然这是因为他犯了其他罪。

但是显而易见斯坦因对这位出名又大胆的混混很感兴趣。他记述："他在这方面特别聪明，脑筋转得快，而且很幽默。"之后斯坦因继续讲道："他对忠厚实在的老特尔迪的机智回答让我感觉很好玩。他幽默而又无礼地说特尔迪就是'沙漠里面找不到任何东西'的活例子。"斯坦因说，阿克洪发现在赫恩勒的报告中经过照相凹版印刷后将他造的假货呈现得十分精致，令他印象很深，他很想知道这是如何做出来的。斯坦因加了句："毋庸置疑他完全意识到了这种'镇上'的技术提供了开始新的骗术的绝佳契机。倘若他可以见到数月之后我所见到的景象，部分出自他手的雕版印刷书稿用精美的摩洛哥皮装订好，在欧洲的一座大图书馆中备受推崇，他势必感觉非常自豪。"

斯坦因迫切渴望拿到一些造假者用来印书的雕版，最好是能与某个赝品正好对上的，这就会成为阿克洪的故事的铁证。

斯坦因盘问期间，阿克洪被关押在办事大臣的拘留所里。如今他被放出来去找雕版。然而，第二天早上，他仅仅从自己家中拿过来一样东西。关于他可耻行为的闲言碎语很快通过和阗的集市传开了。如今他发觉所有人都避开他，特别是从前和他合作的那些人。斯坦因在两日"审讯"期间轻率地跟阿克洪讲，他这么聪明，把自己的一辈子浪费在和阗这群无知的镇民里太可惜。诚然这只是一句玩笑话，然而阿克洪听进去了。斯坦因走的头一天夜里，阿克洪匆忙赶来提出带他去欧洲。斯坦因想，他提出这种要求估计是因为他觉得在欧洲要比在中国新疆更有机会施展他独特的才能。

如今到了斯坦因离开和阗，并与在严酷的冬日沙漠中如此忠实地为他服务的人告别的时候了。特尔迪尤其令他不舍，特尔迪一直陪他到和阗地区最后的村子扎瓦（Zawa）。特尔迪的阅历还有关于本地的知识为这趟成功的探险做出了无法估量的贡献。应当讲在丹丹乌里克是他救了斯坦因的性命。斯坦因讲道，他回报给这位老寻宝人的"宝贝"比特尔迪之前在沙漠里面收获的东西加起来还多。他还为特尔迪谋了一份在地方的稳定差事。他认为特尔迪岁数大了，不宜在塔克拉玛干沙漠里面继续搜寻黄金。他们之间的告别让人悲伤，特尔迪忍不住流下眼泪，斯坦因之后再未与他重逢。之后斯坦因如此记述："当告别的时候，眼泪在这名猎宝人历尽沧桑的面庞上流淌，我能感到这有多么真诚。"他自己同样因为分别而郁闷。然而很快他走到七个月以前路过的饲养圣鸽的庙宇，此刻他的思绪转移到更令人振奋的方面——"我从和阗那边带回的成果"。探险的成功大大超乎他的预料,而这仅仅是头一回。在庙宇里面斯坦因驻足少顷,喂这些小鸟"许多玉米,权当作离开和阗的答谢还愿"。

与特尔迪告别十二天以后,斯坦因返回喀什,受到马继业的盛情款待。他已有八个月的时间未见过其他欧洲人,担心会因为"憋了太久而话说得太多"令主人感到疲惫。之后两周他解散驼队,出售骆驼和马,重新打包他的宝物,以便从俄国外里海铁路在东方的终点站安集延(Andijan)向伦敦运输。他自豪地在笔记上写下,虽然马经历了八个来月的疲惫劳作,但是事实上仍旧按照原先的价格卖了出去,骆驼仅仅比原价低四分之一。斯坦因记述,倘若他可以等到驼队进入俄国的旺季,"没准我可以替政府拿回我在新疆用于运输的所有前期支出"。

终于,第一次从印度出发足足一年后,他与主人告别,满载12箱宝物动身去伦敦。1901年5月29日,8匹马载着古物与别的行李从喀什离开,前往边界那边最近的俄国城镇奥什(Osh)。然而动身以前,他还得面对其他的难过的告别,那就是同多年跟随他的小狗达什分开。它陪着他去英格兰没问题,斯坦因决定让小狗同拉姆·辛格一道返回印度。斯坦因记下:"我的小家伙经历了大山大漠的全部考验。如果再让它乘坐几周让人筋疲力尽的火车,抵达伦敦以后再隔离起来接受检疫,这实在是有点残酷。但我承认我对这个忠诚的小家伙念念不忘,直到11月某天夜里在旁遮普铁道站台上我们又快乐地重逢。"(从喀什穿越喀喇昆仑山口到印度的这两个月是这条小狗最后一趟伟大的远征。因为在斯坦因不得不离开印度去伦敦的时候，它显然因难过而去世，被葬在克什米尔的山里。斯坦因写下："它依恋克什米尔如同眷恋它的主人一般。"）

到了英国以后斯坦因的第一件事极其难办。他不得不去牛津探望赫恩勒，而且还要坦白地指出他被一帮半文盲的村民当成傻瓜耍了。当斯坦因得知这位卓越的研究者正在写之前承诺过的有关加尔各答藏书的第二部分报告，并要在当年出版的时候，就去信提醒他。然而如今斯坦因有个非常尴尬的任务，就是要面对面跟他讲实情。更尴尬的是，最鼓励斯坦因进行探险并且给予全部官方支持的不是别人，正是这位专家，为此斯坦因理所应当对他表达无尽的感激。此外，赫恩勒是斯坦因个人的研究领域——印度及中亚语言学方面的领军研究者，斯坦因在加尔各答期间还和他是私下里的朋友。但是现在斯坦因的成功会令赫恩勒蒙羞。于是6月的一个早上，斯坦因乘坐火车去牛津的时候，不必说情绪肯定是很郁闷。

奥古斯都·弗雷德里克·鲁道夫·赫恩勒1841年在印度出生，是一个有着德国血统的圣公会传教士的孩子。他比斯坦因大21岁。从瑞士毕业之后，他来到伦敦，投奔古德斯塔克（Goldstucker）并在其门下花了数年研习梵文。他于1865年回到印度，起先在贝拿勒斯（Benares）一所学院教授哲学课。从那个时候开始，他的学术生涯集中在印度-雅利安以及其他语言研究上面，以及解读古印度文书（他一共出版超过115部／篇著作、文章还有论文，其中包括耗时五年之久编纂的《印度北部方言语法比较》）。之后他搬到那个时候英属印度的首都加尔各答，成为孟加拉亚洲学会的领袖人物，并最终成了这个学会的领导，直到他退休以后去了牛津为止。

1881年，印度西北边境的一个村子发掘出残缺的古印度文字写本，对它进行的研究使得赫恩勒首次跻身于东方学研究者前列。这个写本在研究印度语言学的人中间引起了强烈的好奇，然而它被交给赫恩勒以前，还没有人可以解读。与他同时期的一个人写道："赫恩勒马上展开研究而且大获成功。尽管这些残片没头没尾，只有混乱的断章，而且没有一页是完好的，但他还是成功解读了大部分。"赫恩勒证明，这是一位无名作者写下的有关古代算术的文章。尽管这个写本没什么文学价值，然而从赫恩勒的解读可以看出他是位极具天分的文字学家。如此一来，十年以后势必由他来负责解读著名而且重要得多的鲍尔写本。因为在对这一写本的研究中赫恩勒成绩斐然，他被委派主持英国中亚文物收藏的事务，这间接导致了国际上对这一地区的写本与文物的争夺。

没有人清楚斯坦因与赫恩勒之间到底发生了什么。斯坦因在《沙埋和阗遗址》这本书里面详尽叙述了有关探险的事情，然而对这次碰面却故意只字未提。事实上，这一圈子里的研究同行似乎团结起来，想办法不让赫恩勒太丢脸。除了赫恩勒自己关于加尔各答收藏的第二部分报告，那个时候的学术杂志和报纸里面均未谈及斯坦因揭露的震惊又让人尴尬的事情。1918年77岁的赫恩勒离世，《皇家亚洲学会会刊》登载六页悼文中也没说起这件羞耻的事。

不言而喻，他们这次会面还是友好的，因为斯坦因在赫恩勒家中还待了几天。但是斯坦因戳穿的事给这名卓越的印度语言专家带来的冲击远远大过斯坦因在给他住在匈牙利的兄长恩斯特（Ernst）写的信中暗示的程度。斯坦因在信中写道："可以理解的是，在听说阿克洪造假的事以后，他备感失落。令我欣慰的是最后他平静下来，免去了我的一场令人痛苦的讨论。"不可否认的是斯坦因在语言学方面的卓越发现多多少少为难堪的赫恩勒带来一些安慰，让他把注意力转移到新东西上。实际上，赫恩勒对斯坦因的写本的研究使得消失已久的和阗语重见天日。

然而现在有一个更紧迫的难题要由赫恩勒搞定。1899年他有关加尔各答藏书的报告里面讨论了"古书"造假的可能性，他对这种可能坚决否认。如今他如何摆脱这个羞耻的鉴定失误？他跟斯坦因坦言想要销毁那份报告。通过斯坦因给他兄长的第二封信，我们对这件事的了解到此为止。然而这样的办法不能成功，势必再次让赫恩勒受挫。毕竟这一报告是作为《孟加拉亚洲学会会刊》的增刊发表，流通很广。全部销毁很明显不现实。而且第二部分的文章已经打出预告，同样是个麻烦。赫恩勒面对的唯有两个选项：要么坦率承认失误；要么敷衍过去，只求读者不会详细比对前后两部分。他终究是个普通人，他决定采用后面的办法。

难题处理得高明又老练，除非重新拿出1899年的原始报告细看，或是当年看过并记下，否则着实难以从第二部分发现赫恩勒以前遭人骗过。赫恩勒不承认自己最初曾经认为自己保管的写本和古书都是真的，对这个现在让人尴尬的断言闭口不谈。在第二部分里面，他巧妙地回避了之前的失误，说1899年撰写文件的时候，"造假的事情还没有定论"（这样看起来完全没问题，尽管任何看过他之前的断言的读者未必会这么想）。尽管他不承认是自己失误，然而为澄清事实，他必须指出："……斯坦因博士已拿到可信的证据，表明1895年之后和阗发现的'未知文字'的'雕版印刷制品'以及写本全部都是阿克洪和几个同伙一起造出来的现代赝品。"对于有兴趣看看赝品到底是什么样的人，赫恩勒给出了他自己投稿给《孟加拉亚洲学会会刊》的一篇配图论文，还给出了俄国学者德米特里·克莱门茨发表的著作（可能也是为了表示俄国人也同样上了当）。赫恩勒谨慎地防止有人留意这些配图的出处（他自己写的报告的第一部分）及其言之凿凿的内容。关于这个问题他就说了这么多，可以理解的是，第二个报告大部分涉及的都是英国收藏的那些真写本、陶瓷以及陶俑。

生在当时那个时代，赫恩勒无疑是走运的。毕竟倘若是现在，如此杰出的专家被一个中亚绿洲的半文盲愚弄，第二天早上估计半个新闻界的人都会堵在他家门口要求公开回应。

斯坦因首次探险的收获在当时欧洲的文物圈引发很大的反响。他的发现证明世界的后院有一种此前未知的佛教文化，这种文化有其独特的艺术和文学。那时，考古学研究者差不多全都在关注经典的古埃及以及与《圣经》相关的遗迹。中亚考古学仍旧是新事物。次年第十三届东方学家国际大会在汉堡召开，会议通过一项特别的决议，庆祝斯坦因取得的让人震惊的收获。于他而言，这有利有弊。这显然帮助他获得了印度当局对第二次探险的许可和费用支持（尽管经历了各种各样敷衍推托），但这也激起了巴黎、柏林还有圣彼得堡的东方学者对这一地区的兴趣。有一段时间，各地的研究者们纷纷敦促自己的政府派遣探险队去遥远的中国，而这次大会为他们提供了正想要的激励。

有趣的是，下一支不畏险阻再次前往塔克拉玛干沙漠的远征队并非来自欧洲，而是来自离这里更近的地方。事实上，它算不上正经的探险队，只是缺乏组织的一小队日本佛教僧人。他们于1902年8月前往中亚。然而更为关键的是，斯坦因的发现在德国引起广泛关注。斯坦因第一波真正的对手来自柏林民族学博物馆。汉堡大会结束仅两个月之后，一支由阿尔伯特·格林威德尔（Albert Grünwedel）教授带头的德国探险队出发去中国新疆碰运气。

第八章

激烈角逐开始

随着1902年德国人和日本人到达现场,由此开始一场抢夺塔克拉玛干与戈壁沙漠里面佛教古物珍宝的"国际战"。这次纷争持续了四分之一个世纪,来自七个国家的考古学者都牵涉其中。他们攫取的数量巨大的古物分散于欧洲、美洲及远东的三十多处博物馆和机构中。通常来说探险队的角逐采用文明的方式(至少表面如此),然而偶尔也会出现情绪激动的情况。有一回为了争夺一个特定遗址的发掘权,德国人跟俄国人差点打起来,俄国人甚至愤怒地恐吓要用军事力量赶走德国人。

而斯坦因则乐于偶尔讥讽对手,通常是在他的个人信件中。有一回他在信里告诉友人,"德国人经常结群狩猎"。德国探险队的规模很小(尽管并非指文物数量),称其为"群"明显很荒谬。然而如此用词也表明他对德国人的出现颇感厌烦。毕竟在他眼里,这片地方由他开拓,理所当然要有几年时间归他自己所有。实际上这片考古学未曾涉及的地方十分辽阔，有大量遗迹，足够容纳所有来访者。但是显然那些竞争的队伍花了很多时间互相提防。

德国1902年到1914年在中国新疆的四次探险中的第一次有三位欧洲人，均为柏林民族学博物馆员工。三个人是领队阿尔伯特·格林威德尔教授（博物馆印度部负责人，他写过一本很出名的关于佛教艺术的书），二把手是乔治·胡特博士（George Huth），他同样是艺术史家，主要由于探险途中经历的艰辛，从中亚回去之后很快去世了。最后是仪表堂堂又聪明的特奥多尔·巴特斯（Theodor Bartus），他在博物馆里面打杂，且参与了全部四次探险。

格林威德尔和印度部的同事已经对中国新疆关注了一段时间，也研究过其在考古方面的潜在可能。和斯坦因一样，他们根据这里呈现的迹象猜测这个地区没准就是古典希腊艺术与亚洲佛教艺术的古老交汇点。然而他们唯恐遭遇艰难险阻，所以不想轻率地去那边。之后他们听闻意志顽强的赫定安全返回且述说了自己远征中那些令人兴奋的事，很快斯坦因又带回大量吸引人的古物。此刻德国人终于下决心如今该是自己加入寻宝大军的时机了。

他们把目的地定在丝绸之路北道吐鲁番附近的地区。俄国学者克莱门茨约莫在五年以前已经造访过那边，将壁画、写本以及碑刻运回圣彼得堡，并报告称在那边起码发现130个佛教洞窟，其中很多有保存完好的壁画。德国人跟斯坦因不一样，斯坦因的第一次探险中赌的成分比较大，德国人觉得倘若可以相信克莱门茨的说法，那在吐鲁番四周他们一定能得到大批宝贝。不仅这样，跟斯坦因去的南道那些偏远的遗迹相比，他们要前往的地方更容易去，况且这边的遗迹显然较少被本地寻宝人洗劫。

吐鲁番这个镇子在楼兰附近一处绝密地点以北150英里，那个绝密地点是中国测试第一代核武器的地方。吐鲁番绿洲丰茂，位于大概3万平方英里的巨大天然洼地中，地理学家认为此处是地球上大陆最低点之一。城镇四周是受地震摧残的小山，是不毛之地；还有就是同样荒芜的沙漠。北面是终年冰雪覆盖的博格达山（意思是神之山），这座山比欧洲任何一座山都高，构成天山最东面的余脉。1935年冬季，英国的旅行家埃里克·台克满爵士曾途经这里，那荒芜而壮观的景色让他想起美国大峡谷。此地严寒，每日清晨他的旅队动身以前都需在车的引擎下面生火加热才能发动。他表示这的确"非常危险"，然而在那边却司空见惯。反之夏季的时候，气温经常达到约54摄氏度，连当地人都只好躲进特制的地下室。但是在这片贫瘠缺水的地方却散布着中国新疆最肥沃富饶的绿洲村镇。丝绸之路最兴盛的时期，这边始终为长安的皇室提供酒、蜜瓜还有鲜美的葡萄。这里使人惊讶的繁盛秘诀是当地的灌溉系统。这套灌溉系统最初源自波斯，可以把北面山上的冰雪融水通过很深的地下水渠运送到定居点，如果没有这些水渠，这些定居点将不复存在。

两位无畏的传教士盖群英和冯贵珠20世纪20年代到30年代曾经在这里生活数月。她们写下的著作《戈壁沙漠》中对绿洲进行了生动的描绘:"……吐鲁番好像大漠中的一座绿色岛屿,周围环绕着砂石而非海水;荒芜的沙漠与肥沃的田野之间的分隔就好像海岸和大海一般分明。它的丰饶水平让人吃惊。当旅行者从荒芜缺水的地方进入吐鲁番富饶的绿洲时,这种感觉会压倒一切。"然而几百年来吐鲁番那些绿洲并非都是如此,不少早已废弃。1902年到1914年德国人从这些分散的废址中发掘了数量很大的古物;之后因为战争的缘故他们才停止发掘工作。

格林威德尔率队的第一次探险离开柏林一年,但在吐鲁番地区探索和发掘的时间不足五个月,其他时间都花在来回的路途上。由军火大王弗里德里克·克虏伯(Friedrich Krupp)主要赞助的第一次古物抢夺探险基本算是侦察。尽管跟之后三次相比,格林威德尔这一次取得的战绩(46箱)很一般,却极大惊动了德国亚洲学研究者,甚至引发了德皇的关注。他们发现的古物有佛教壁画、写本以及雕塑。因为首次远征的成功,德国人成立了一个委员会用来组织时间更长、野心更大的计划;除此之外也设立了一项基金对其进行资助,克虏伯与德皇以个人名义向基金捐了款。然而因为胡特不巧去世了,加上格林威德尔健康状况不好,意味着德国人需要一位过渡时期的领队。委员会选定阿尔伯特·冯·勒柯克。此人不论从哪一点看都像赫定或斯坦因那般优秀出众,且有同样顽强的意志力。

1860年9月8日冯·勒柯克在柏林出生,他是一位富有的胡格诺派酒商的儿子,常人以为他会步其父后尘,然而学生时代的他便卷进德国悼文作者所谓的"被禁的联盟",之后因为

"罪过轻"遭到开除学籍。他的父亲曾经在英国一家公立学校受教，为此非常生气，尽管之后怎么样，我们不太了解。悼文作者也小心地略过这一段，直接跳到他21岁的时候。此时他与父亲的关系好像缓和了。起初他被送去伦敦，接下来被送到美国接受关于家族产业的训练。他在美国学习的时候也钻研医学。之后不止一次证明了这些学问格外顶用。他在27岁的时候回到德国加入达姆施塔特（Darmstadt）的勒柯克公司卖酒，这公司是由他的祖父创建的。然而他的心思不在这里。13年以后他卖了公司再次搬到柏林。他在柏林的东方语言学校学习了几年东方语言，包括阿拉伯语、突厥语以及波斯语，也跟随皮舍尔（Pischel）学习梵文。42岁的时候，也就是1902年，他加入柏林民族学博物馆印度部。起初他担任的是不拿薪水的志愿者。当时正好是格林威德尔率队前往中国进行第一次探险的时候。

现在仅仅两年之后就轮到他了。探险队只有他本人和特奥多尔·巴特斯。1904年9月他们离开柏林以后先是去了圣彼得堡办理前往西伯利亚必需的官方通行证。他们还得到了俄国科学院专家的介绍信，不久之后俄国科学院同样派遣探险队前往这个地区。冯·勒柯克打算乘坐泛西伯利亚特快一路到鄂木斯克，在那里沿着额尔齐斯河乘船前往塞米巴拉金斯克（Semipalatinsk）。之后搭上四轮马车去边界哨所巴赫特（Bakhty），从此处动身一直到乌鲁木齐，最终抵达吐鲁番。然而他们在莫斯科遭遇麻烦，站长拒绝让他们随身携带的行李（超过一吨重）和他们一起走，坚持认为这样要加挂一节行李车厢才能全装下。冯·勒柯克在《新疆的地下宝藏》一书中饶有兴致地记述这件事的结局，由于他没工夫同俄国人协商，"……从背着的手中我抓出一张五十卢布，在这位为难我们的人跟前缓缓地摆动，晃了三四下后钱就没影了。紧接着站长讲：'好，成，我给你办。'他果真照做了"。

车上挤满奔赴日俄战争的俄国军官（仅有几个"我们觉得像是军官"），冯·勒柯克同他们一块坐上车，五天之后抵达鄂木斯克。额尔齐斯河的渡轮将他们送到塞米巴拉金斯克（"一个可怕的大洞"）。在此他们雇了四轮马车，穿越西伯利亚令人忧郁的自然景观，来到中国边境地带。在抵达中国领土后的第一处落脚点楚古恰克（Chuguchak），俄国领事告诫他们这边内战激烈，这里十分危险。在之后去乌鲁木齐的路上，冯·勒柯克一直手握着枪坐在一万两千金卢布上。很少有欧洲旅行者说过乌鲁木齐的好话，这个城镇十分肮脏、苍蝇乱飞，还有着十分血腥的过去。盖群英与冯贵珠曾经在这里生活过一阵，说这里有"面有菜色的人"以及"脏乱的街道……穷苦城市生活的范例"。在那个年代，到处是警察的线人。在《戈壁沙漠》书中她们讲："一封密报往往可以得一笔钱……能否晋升跟能够获得多少线报有很大关系。所以无人信任邻居。"接下来她们继续讲道："乌鲁木齐没有谁活得幸福，同样不曾有谁离去时会感到遗憾。到处都是因为不被允许离开所以不得已一直待在那边的人……"

彼得·弗莱明（Peter Fleming）在《鞑靼新闻》（News from Tartary）中说，乌鲁木齐的好客传统"自成一体"，他补充解释道,"宴席上的死亡率高得惊人"。这不是指食物有毒,而是指两场相隔十二年左右的臭名昭著的盛宴,两次均由能力出众但独断专行的地方官员杨增新将军举办。1916年第一场宴席召开,邀请了全部他怀疑阴谋推翻他的人。待客人们酒醉之后,杨将军让刽子手进来,在外面奏乐的声音中将他们一个个砍头,之后他好像什么都没发生一样继续吃自己的饭。第二场宴席在1928年进行,这次轮到将军本人死了(还有其他官员),他们同苏联总领事举杯祝酒的时候被一波乱枪打死。总领事和太太匆忙躲进厕所才逃过一劫。

虽然中国官员设宴86道菜招待两位德国人(所幸人人安全),但是跟大部分别的欧洲人一样,他们总是对乌鲁木齐的一切感觉很不愉快。到了这边之后,最初他们目睹的一件事情就是在镇上主要街道上残忍地处死一个人。这个人被关在一个特殊的木制笼子里面。脑袋从笼子上伸出,被牢牢地锁住,两只脚踩在一块会每天逐渐下降的板子上面。约莫过了八天,他的脖子最后断掉了。冯·勒柯克为木头笼子中濒死的人拍下照片,发表在《新疆的地下宝藏》书里。他记述:"这个野蛮的装置边上交通一切照常。"从照片中能发现一个卖蜜瓜的人坐在自己的水果之中,对旁边垂死之人的痛苦无动于衷。关于这一景象,冯·勒柯克写道:"这给我留下十分糟糕的印象。"两位德国人对本地俄国领事的做法同样震惊。这名领事经常乘坐敞篷马车在城里狂奔疾驰;与此同时还有四十位骑马的哥萨克卫兵护卫,他们手执鞭子,抽打未及躲闪的人的脑袋和肩膀。对此冯·勒柯克曾经向领事抗议，然而他被告知只有这样的方法才能对付这些人。

由此两位德国人接着完成去吐鲁番的旅程，在中国新疆再次行进100英里之后抵达。不久他们在这边开始了和虫子在一块的糟糕生活。除了蚊子、跳蚤、白蛉、蝎子、虱子，还有两种蜘蛛尤其让人难受。一种是跳蛛，身子跟鸽子卵一般大，嘴里能发出吱吱声，据说有毒。另外一种较小，黑色多毛，住在地下洞穴里面，人们最怕被它咬，即便事实上不会丧命但也十分危险。然而，两位德国人最烦的却是吐鲁番大蟑螂。冯·勒柯克记述："大早上醒来发现这玩意趴在你的鼻子上面，两只大眼紧紧盯着你，长长的触角试图攻击你的眼睛，这足以让你无法控制地感到恶心。我们曾经逮住被吓怕的虫子碾碎它们，结果发出一种超级难闻的臭味。"不过也有一个惊喜，那就是巴特斯受到热烈欢迎，当地人仍记得去年格林威德尔的探险队中有他。刚开始当地人误以为这两个德国人是俄国人，当地人特别讨厌俄国人。然而此刻一位魁梧的维吾尔屠夫认出巴特斯，立即大叫着"巴图尔！巴图尔！"，这个词是"英雄"的意思，和巴特斯的名字是谐音。

1904年11月18日，俩人抵达吐鲁番东面沙漠里一处泥筑古城的遗址哈拉和卓，他们计划用一些时间在这个地方开始挖掘。此处会给他们带来丰硕的成果。然而他们到那边的第一天时感觉希望渺茫。大部分古城所在的地方早已被村里人铲平，以便使用肥沃的土地种庄稼。而且因为相信寺庙中鲜艳的壁画颜料是很有用的肥料，所以建筑也被毁了。大量古老的梁柱以及其他木料被运走当作建材或燃料。那些尚未被搜集肥料的人捣毁的壁画，画中人与兽的眼睛还有嘴全被挖掉。冯·勒柯克记述："这边人们仍然相信，必须挖去画中人与兽的眼和口，否则夜间它们就活过来伤害人畜、破坏庄稼。"从格林威德尔到访到现在的这段短暂时间内很明显又有了很多新的破坏。

然而起初的失落并未经历太长时间。村民带他们去围着高大土墙的死城中间，看到一幅刚刚发现的高6英尺的壁画残迹。壁画主体描绘了头顶宝光的壮观的男性形象，周围伴有男女侍从。这是他们这次探险的兆头不错的开头，毕竟差不多能够确认壁画描绘的是摩尼教创始人摩尼。倘若当真如此，那便是人们发现的第一幅这位神秘人物的画像。在去世前四年，也就是1926年，冯·勒柯克身边已经环绕着他、格林威德尔、巴特斯从丝绸之路掠夺的巨量艺术瑰宝，但他在书中依旧认为这个9世纪的壁画是所有发现中最为重要的收获。

从之后发掘的东西看，显然在约8世纪中期哈拉和卓（亦可称其旧名高昌）是繁华的摩尼教社会。这个奇特而又禁欲的宗教在500多年前由摩尼在波斯创立。他异端的学说遭到基督徒、穆斯林、袄教徒等其他宗教信徒的极力反对。摩尼在与袄教祭司的论战中失败，被当作异端钉在十字架上死去。这一信仰在中东和巴尔干遇到非常惨烈的迫害，完全灭绝，结果没有任何文字记载或宗教文献幸存。为了逃避迫害，大概500名摩尼教徒朝东逃到撒马尔罕避难。从撒马尔罕，他们的教义以及艺术（摩尼本人也是一位著名艺术家）沿着丝绸之路逐渐向东传播，东进途中又不停地吸收佛教的影响，最终到了哈拉和卓。因为在别的地方没有发现摩尼教存在过的证据，这让冯·勒柯克找到的哈拉和卓壁画显得更加重要。

冯·勒柯克发现的东西包括精美的带插图的写本、壁画、布面上绘制的挂画以及其他织物。它们不出所料，全部呈现了浓重的波斯影响。其中，用高超的书法技艺书写在丝绸、纸、羊皮纸以及皮上的写本极大地增进了学者对这一久已消失的宗教的贫乏的认识。冯·勒柯克觉得假使德国探险队来哈拉和卓更早一些，及时制止对古老城镇的大肆损毁，或许贡献会更大。在这里，他听说一位受惊的村民把一间摩尼教藏书室里的所有东西扔进河里。同样是在此处，他看到混浊的灌溉用水对另一所摩尼教圣坛中的藏书室造成难以修复的破坏。他记述："含有黄土的水渗进纸张，让所有的东西都粘连在一起，在夏季一贯的炎热中……所有这些有价值的书都成了黄土。我拿了几本小心弄干，希望能够挽救一些写本，然而分开的纸页碎成小块，依旧能够看到残片之上有美丽的文字，其间掺杂金、蓝、红、黄的细密画残迹。"接下来他忧伤地讲："一个巨大的宝库就这样消失了。"近些年科技飞速发展，或许能在这样的条件下保存一些东西。这个藏书室进门的地方，他们看到一具被谋杀的佛教僧侣的干尸，身上还裹着血染的僧袍，这为这些发现提供了一个阿加莎·克里斯蒂般的注解。似乎在这里佛教曾和摩尼教共存。

在哈拉和卓他们发现的僧人并非唯一受害者。冯·勒柯克记述："一间位于南面的圆顶建筑里面我们有骇人的发现。"他们破门而入，看到一堆起码100具佛教僧人的尸体，其中很多直到现在还能看出恐怖的伤痕。有一个头骨从头顶一直到上腭被一击砍成两半。冯·勒柯克认为这个千年前的大屠杀应该是当时政府搞的宗教迫害。

冯·勒柯克在绝版很久的《新疆的地下宝藏》书里面生动描绘数月之间他跟巴特斯在哈拉和卓每天忍受的不适。他们在日出的时候开工,有时是凌晨四点甚至更早,在极端炎热或寒冷中干活,持续到晚上七点钟,这时雇工拿走当日的薪水,两位德国人安定下来登记打包当天的发现。在哈拉和卓进行发掘最糟糕的一件事就是尘土,像云一样升起让人呼吸困难。"晚上,"冯·勒柯克发牢骚,"我们经常从气管里面咳出一连串结实的黄土。"尽管尘土吸走了一些新疆烈阳中的热量,然而也让拍摄变得艰难,早期的相片都曝光不足。伙食非常单调,"米饭拌羊油或者……羊油拌米饭",冯·勒柯克记述。此外,羊油在夏季会不可避免地变质。女房主全年提供葡萄、新鲜的蜜瓜还有干果和美味的烤面包,用以补充这样难吃的饮食。只是偶尔德国人才会放纵自己开一瓶珍贵的凯歌香槟,开之前先照着新疆的方式用一片湿毛毡冷却。这些香槟是冯·勒柯克的姐妹深思熟虑后准备的临别赠礼。

即使结束了一天的工作,仍没有休息时间留给冯·勒柯克。很快他们的院子就被病人填满。他们大多走了很远的路程过来,都希望立刻从这位"外国绅士"那里得到治疗。由于大多数人得的是风湿或疟疾,有了阿司匹林以及奎宁,还有在美国接受的医疗训练,冯·勒柯克得到了他并不想要的"神医"的名声,这不免导致他的病人数量倍增。一个晚上,无意间,他发现一位老妇人在门口流着泪。她解释说付不起"费用"去见他。更深了解之后,他惊恐地发现房东索特(Saut)管每名病人收钱后才准他们到院子里去,并把这事当作有利可图的副业。冯·勒柯克特别生气,用马鞭抽打了他两下——"这是唯一一次我打当地人",他写道。他也威胁要把这个恶棍报给鲁克沁的王,也就是地方上的统治者。索特知道这个人将用"大棒"惩罚他,这是末端为桨状的沉重棍棒。一击见血,二十五下将人致死。当晚两位德国人刚一躺下,外面就开始响起大声哀号。诡计多端的索特派来了他的祖母、母亲、妻子、漂亮的女儿还有其他所有女亲戚替他求情,一边带了礼物一边啜泣。冯·勒柯克被他将来要表现更好的承诺说服了。

德国人已经在哈拉和卓工作了一些时间。一天,当地两位达官贵人前来表示:"先生们,二位独自生活,这样不好。你们必须结婚。"冯·勒柯克解释他们已经有妻子,但是这话被无视。德国人听说两位显要人物自己的闺女已经做好嫁给他们的准备。冯·勒柯克记述道:"知道这一点让人很不愉快。"考虑到不要打击当地人的情感,他深表谢意,指出倘若德皇发现他们迎娶第二任妻子,他跟巴特斯都要在柏林挨上二十五大板。

除了这些插曲,在哈拉和卓的工作依旧稳定地展开,还有一连串有趣甚至令人震惊的发现。除了标志性的摩尼壁画,最让人印象深刻的发现是一尊美丽的犍陀罗风格佛像,接近真人大小,不幸的是没有头部。它过去曾经使用明亮的颜色装饰,然而经过这么多世纪,大多颜料都被冰雪融水以及罕见但是狂暴的雨水冲刷掉了。在描述它的时候，冯·勒柯克表现出了他相对古典艺术对东方艺术明显的偏见。他写下："服饰线条庄重，还没有出现东亚对古典形式的错误理解造成的劣化。"这些受到古典影响的佛像还有其他到处都是的希腊风格的雕塑让他非常困惑。怎么会这样，他疑惑，为什么这些塑像能设法保留希腊特点，而与此同时壁画则受到中国中原地区的影响？这个谜题几个月后得以解开，在另一个地方，巴特斯无意间发现一间古代工坊，满是用来批量生产的大型造像局部泥模。显然这些泥模要被一次次使用，这说明了古代雕塑风格是如何遗留下来的。接下来的发现表明，9世纪前后重新设计了描绘东方特征的铸模，带有倾斜的双眼、更短的鼻子还有更直的头发。

哈拉和卓另一个让人吃惊的发现是坐落在老城城墙外的一间小小的景教教堂。它里面保留着显然是拜占庭风格的壁画，表现神职人员以及带着枝条的人们，可能是在描绘棕枝主日的活动。然而，在哈拉和卓的发现大部分都是硬币、丝绸及其他织物的残片，以及很多圣书的残页，这些残页明显被人故意损毁，尽管不清楚是谁。他们发现了一些免遭毒手的写本，后来鉴定出了24种不同的书体。

到这时为止，他们已经在哈拉和卓持续工作几乎四个月。尽管仅仅2月末，吐鲁番盆地已然愈发热起来。他们感觉差不多挖完了所有可能的地方，从而计划朝北前往有一系列佛塔的地方，位于阴森的森其姆（Sangim）峡谷上面。这里尽管更凉快，却不时有因山雪融化导致的泥石流的危险。但是这种风险很快被证明是值得的,因为不久前在不同的佛塔内他们发现两整间写本藏书室,一间由巴特斯发现,另外一间是冯·勒柯克。冯·勒柯克记述到,仅仅单独一间就足以装满"几个玉米袋"。

让德国人吃惊的是,有一天他们意识到自己并非唯一在这里挖掘的人。他们发现河的另一边有两位老妇人忙着挖掘一处土堆,显而易见是在寻找珍宝。那天巴特斯跟冯·勒柯克什么也没有发现。令人懊恼的是他们发现对面两位猎宝的女士大获成功,她们挖到数个恶魔塑像的头以及大量精美的写本。在伤害之上又添侮辱的是,这两个干瘪的老妪非常会讲价,迫使德国人为了她们的战利品额外付了大价钱。

从抵达哈拉和卓开始,冯·勒柯克定期向柏林报告他们的进程。他不安地从收到的回信里面发觉赞助委员会好像夸大了这些发现的重要性。甚至德皇也对这些遗迹显示出过度的热情,而冯·勒柯克知道这些基本上只有学术上的价值。须知,冯·勒柯克成为探险队领袖只是因为格林威德尔健康不佳,因此是暂时的。他知道自己可能随时被取代,因此只有有限的时间来出名。格林威德尔的指示也束缚了他,事实上他叫冯·勒柯克留下那些最好的遗址。更让冯·勒柯克受挫的还有上级的计划似乎经常变化。当收到一封信说格林威德尔仍旧没法前来接替他时,冯·勒柯克决定冒着得罪他的风险,违背指示前往附近的柏孜克里克(意思是"有画的地方"),这是一处佛教石窟建筑群。这是一场成功的赌博,他跟巴特斯很快就因为一系列耀眼的发现而得到了回报。

第九章

冯·勒柯克抛硬币

佛教徒们千年之前在柏孜克里克为建造这座伟大的寺庙复合体选址的时候独具匠心。纵使在冯·勒柯克那个年代，到达这个遥远荒芜之地的旅人即使离遗址相当近也会意识不到它的存在。这里有数百个寺庙，大多凿岩而成，占据着一窄条岩架，位于悬崖的岩壁上很高的地方。要想到达，唯有攀爬蜿蜒小道到崖壁顶上，之后顺着崖壁往前走，再沿着陡峭的阶梯下降30英尺左右到达寺庙所在的位置。唯有一处地点能够看到这里，出于安全以及免受干扰的考虑，寺庙的建造者在此修了一面墙遮挡往来路人的视线。如今这个犹如大型蜂房一般的寺庙群依旧保存，深深震撼着有胆量面对这里崎岖山路的到访者。然而冯·勒柯克的大名还没有响彻这个地方。

两位德国人到此后在寺庙群最南侧的一间破旧寺庙里设立据点，这里曾有牧羊人住过。这间寺庙和周围其他一些寺庙曾有过壁画，但都被牧羊人的篝火烟熏火燎破坏掉了。冯·勒柯克和巴特斯计划先去调查那些位于岩架最北边的寺庙，因为数百年来从山上倾泻而下的沙子从地面到顶棚彻底填满了它们，保护了它们不被人占据。进入最大的一间之后，冯·勒柯克步履蹒跚地爬上贴墙堆起来的高高的沙堆。突然，他的脚一动，引发了脚下一场小规模的沙崩。他记述说："刹那间，好像变戏法一般，我看到左右两旁墙上显现出使用各种染料绘制的色彩鲜明的壁画。画面是如此光彩夺目，似乎艺术家们方才搁笔。"他激动地大声呼唤巴特斯来看这意外的惊人发现。细致观察一番后，二人严肃认真地握手，因为这次的收获在他们看来极具重要意义。冯·勒柯克在《新疆的地下宝藏》中记述："如果我们取得这些壁画，那么这次探险就胜券在握。"

待费力清除大批沙土之后，他们发现了6个比真人还大的佛教僧侣画像，在门口两边各有3个。他们在这个积满沙子的屋子里挖得愈深入，发现的僧侣画像愈多。部分画像明显是印度人的形象，身穿黄袍子，身侧用中亚婆罗米文写着名字。其他画像身着紫袍，显而易见是东亚人，姓名用维吾尔语和汉语书写。冯·勒柯克在著作中提及，这些保存上千年的壁画并非通常所见按照模板画出来的模式化形象，而是力求逼真。

顺廊道往前一直发掘，在沙子的下面他们再次发现15幅年代不同的大型佛像。令冯·勒柯克特别感兴趣的是那些在佛陀面前下跪供奉的其他人物画像，因为从服饰能看出他们来自不同民族，有印度王子、婆罗门、波斯人，还有一个让人不解的赤发蓝眼的人物，这明显是个欧洲人。

他们在寺庙内殿（或者说中央圣坛）发现了很多壁画，有千奇百怪的印度神像，六只手臂的恶魔，一些长着人头的鸟（这些鸟抓住一个儿童，有猎人追逐它们），还有一位国王在打猎，身旁有随从陪伴。内殿四个角落站着全副武装的四大天王。其他人物像中还有这个寺庙的供养人，男的在一边，女的在另一边，其中一些身侧仍可见褪了色的名字。

这是他们至今收获的最振奋人心的成功。冯·勒柯克下定决心不论付出多大代价都要把所有壁画搞下来送去柏林。之后他记述："依靠长时间费力的操作，我们顺利地割下所有壁画。历经长达二十个月的运输，最终这些壁画安然无恙地到了柏林。它们在那边足足装满了博物馆的一间屋子。"他补充道："这是极少的几个全套壁画都送到柏林的寺庙之一。"

1957年，捷克斯洛伐克学者帕维尔·保哈（Pavel Poucha）教授曾经到中国新疆旅游。他说德国人用一柄剑切割这些精美脆弱的壁画。这显然与冯·勒柯克的说法不一致。根据冯·勒柯克的说法，他们先用一把非常锋利的小刀顺着壁画边缘小心划开，切痕要深到足以贯穿黏土、骆驼粪、切碎的稻草和画有壁画的灰泥。接下来用鹤嘴镐或锤子与凿子在壁画旁边的石头上凿一个洞，以便让狐尾锯伸进来。冯·勒柯克解释道："如果表层状况不好，有时会雇人过来用盖着毡子的木板紧压在计划切割的壁画上。随后这幅壁画被锯下来。进行完此环节以后，小心地将木板从墙上拿开，先让上头带着壁画一起放倒，一直到壁画最终水平躺在木板上……"接下来他讲道:"进行这样的工作消耗非常大的体力。"即便是巴特斯这般有着"大力神般的力气"的人也觉得最费力的工作是拉狐尾锯。

之后每张画正面向下平坦地放置于板子上,木板之前先是盖了一些干草,再盖毡子,最后用棉絮覆盖。然后,再平铺一层棉絮在画的背面。之后在上面放置下一张画,正面向上。最后,在最上层壁画上铺上更多的衬垫和第二张保护性的木板,这样一个"三明治"就完成了。木板需要大到足以盖住画面,以增强保护性。剩下的空间用麦秸和亚麻塞满,之后用绳子将整个包裹系紧。两层护板之间有时装了半打壁画。接下来将这包东西放进木箱,箱子周围布满麦秸与亚麻纤维,以便在运输的过程中免受震荡。冯·勒柯克骄傲地表示:"这种办法打包的东西从未有一丁点儿破损。"大型壁画需要先锯成几片,在沿着面部和别的具有美学重要性的部分切割时要格外小心。

一个值得注意的有趣之处是斯坦因通过三回探险、历经无数次尝试后搞出的略有不同的切割技术。和德国人一样,他也用锯,小心地切进壁画背部,将壁画从墙里切割下来。随后他把壁画裱在浸透胶水的结实帆布上。每张壁画平均1.5～2英寸厚,将它们面对面放着,当中铺一层棉絮衬垫,一张和阗纸,然后是另一层棉絮衬垫。棉絮紧缺那会儿,则以未经加工的绵羊毛替代。每对壁画先用灯芯草箍起来,再用木质板条夹住,用绳子捆好。最后放在塞了更多灯芯草的木箱里。和德国人一样,斯坦因的部分巨幅壁画高达10英尺,难以整块搬运,必须先进行切割，靠骆驼、马、牦牛和别的交通工具经过漫长而艰难的旅程运到终点，再小心地拼合起来。

半个世纪以后，在柏孜克里克，义愤填膺的中国官员指给英国作家巴兹尔·戴维森看当初冯·勒柯克与巴特斯搞走壁画时留下的切痕。每当他们停留在一处曾经有过壁画的缺口面前时，陪同戴维森的人都会低语同一个词："被偷了。"

冯·勒柯克在《新疆的地下宝藏》书里形象描绘出柏孜克里克周围景致的朴素之美："在总是支配着这里的一片死寂之中，急流打在山边峡谷的石头时汩汩作响，像是轻蔑的笑声。"纵使此地风景优美，然而自始至终都弥漫着一种有时令两位德国人忐忑不安的氛围。仿佛有什么"怪异恐怖"的东西，让寺庙四壁上众多骇人的恶魔紧盯着他们不放。

有一回在柏孜克里克的月夜中，"夜深人静之时可怕的声音突然回响起来，好像是一百个恶魔跑出来了"。俩人马上从床上跳起来，抓起来福枪跑到岩架上。冯·勒柯克接着记述说："让我们倍感惊恐的是，在马蹄状山谷里布满了狼，它们仰天对月长嚎。"然而他们的人多次向冯·勒柯克和巴特斯打包票，此地的狼不会伤人。接着冯·勒柯克讲："朝着狼群射了几枪，有颗子弹打中一头狼。狼群分食完死掉的同伴后散开了。"他们只听说过一个狼吃人的例子。受害者是两位德国人都认识的一个漂亮的12岁哈拉和卓女孩，她被逼着嫁给一个六十多岁的老头。她在穿越大漠朝隔壁绿洲逃跑的时候，因为疲惫不堪，在一处泉眼边上停留并入睡。也就是在此被狼群发现。"之后只发现了带血的碎衣服，还有她的长靴，靴子中还有两条小腿。"冯·勒柯克补充道。

他们又在旁边的另一个佛殿遗迹里大致探索了一下，发现了更多壁画，可以追溯到7世纪，还发掘出针绣纺织品以及写本。接下来他们去了吐峪沟。冯·勒柯克称这块地区盛产椭圆形的无核葡萄，葡萄干远销到这里往东四个月路程之外的北京。他们从村子溯流而上，看到不少寺庙，但都已经成为废墟。他们还发现了一个巨大的寺院，"像是燕窝一般贴在几乎垂直的半山腰上"。11年以后，也就是1916年，一场严重的地震让整个寺庙坠入了谷中。冯·勒柯克在蜿蜒的峡谷中一间石窟寺内发现了僧人的一间小室，小室的建筑明显带有伊朗的影响，清理过后从中发现好多宗教典籍。那时候有人试图烧毁所有这些东西，然而未能得逞，德国人抢救出两麻袋文书，大多可追溯至8～9世纪。他们还发现了冯·勒柯克所谓"美妙的刺绣"。

他们再度转战。冯·勒柯克派巴特斯去吐鲁番北部的水盘（Shui-pang）勘察那里的一些遗迹。冯·勒柯克本人携着装满战利品的包裹赶赴乌鲁木齐。他希望借由俄国领事的协助雇用一位靠谱可信的人护送沉甸甸的货车穿过俄国的边境，前往离得最近的火车站。他带了6000金卢布（约合650英镑）计划兑换中国货币。他很机智地在睡觉的时候把钱搁在枕头底下。一天夜晚他们投宿达坂城的驿站时成为小偷下手的目标，小偷先把土坯墙弄湿变软，之后拿刀凿开一处洞口爬入。所幸他们受惊醒来，小偷仅仅盗走马鞍和衣物，乌鲁木齐政府赔偿了这些东西。

在返回与巴特斯约好的相聚地点哈拉和卓之后,他得知同伴已然在水盘遗址里挖掘出"奇迹般的战利品",即早期基督教写本。其中包括一篇5世纪的圣咏、《马太福音》残卷以及希腊文书写的尼西亚信经,还有与海伦娜皇太后发现真十字架以及三王来朝有关的章节。巴特斯对发现的东西激动不已。马上将文书堆在那种仅有两个轮子且没弹簧的车上,一路不停歇地送往哈拉和卓。

尽管那时才8月上旬,然而吐鲁番盆地火炉般的灼热已经变得令人难耐。俩人起了一身痱子,这闷热的气候最容易让欧洲人害上这种皮肤病;生病之后会感觉全身奇痒无比。因此,他们决定将营地搬去东面200英里外的哈密。尽管那里位于戈壁沙漠边缘,但处在天山脚下,至少比吐鲁番凉快(但贝尔上校1887年报告那里夏天即使是在阴凉处气温同样达到华氏122度)。他们行进了12日,每晚都在净是臭虫的街边小客栈住宿,最终才得以到达成吉思汗的故都。鲜有人提及这块戈壁沙漠特别延伸的地方。对于盖群英和冯贵珠这两位不会夸大其词的人而言,这里"制造恐怖的能力超过所有其他地方"。

冯·勒柯克来这里之前18年,哈密的中国官员揭穿了伪装成中国人的贝尔上校,斥之为"洋鬼子"(可能不是全无道理)。他对这样没有涵养的举动不屑一顾,声称那些人是边陲一隅的"人渣"。然而,冯·勒柯克跟巴特斯在哈密的生活却更欢乐。汗听说他们快要来了,将补给送往他们沿路停留的客栈,包括鸡蛋、肉类和水果。这极大抵消了臭虫带来的不快。

他们一抵达便前往汗的华丽宫殿去拜见他，冯·勒柯克说，有些屋子"装饰得特别的精美。四面都是精美的不会褪色的内地及和阗地毯；美丽的丝质刺绣，有中式的，也有布哈拉生产的；还有一块昂贵的和阗玉雕，与中国瓷器放在一起；壁炉上是法国钟；以及，哎呀！一盏丑得吓人的俄国煤油灯，是那种最便宜最普通的样式"。一面墙上挂着布谷鸟钟，冯·勒柯克补充道："那种和家乡常听到的一样的响声令我们非常愉快。"

这个来自达姆施塔特，曾一度是酒贩的家伙，今日在亚洲中心一位穆斯林统治者家的地窖里发现很多上好法国香槟和俄国名酒，让他非常惊讶。汗拿这些酒招待自己和来客，频频举杯祝酒，之后却没有任何不良反应。这么多世纪以来，哈密人一直以生活富足和热情好客闻名。马可·波罗谈及他们的时候写道："他们凭借取之不尽的各式水果为生，还送给旅行者。除了玩乐、歌唱、舞蹈和逍遥快活，他们是什么都不放在心上的那种人。"然而，冯·勒柯克去世之后的一两年内，这座富丽堂皇的宫殿被全部摧毁，里面的奇珍异宝被洗劫。这是因为这座城镇在发动了一次失败的叛乱之后遭到了可怕的报复。

尽管冯·勒柯克来访哈密是一趟高兴的旅行，然而从考古学来看则是扫兴的。尽管18年之前，荣赫鹏曾报告称看到周边的建筑废墟比有人住的房子还多，但大多是近代的（在之前的一场暴动中损毁的），没有与该地区的佛教历史有关的遗址。然而即便这样，德国人仍旧设法在东北面的小山下发现两间佛教寺庙。

倒霉的是他们来得太迟了。如今仍能够看见湿软的土里裸露在外的雕像和别的艺术品，但这么多年山上流下的雪水已经把艺术品冲刷得面目全非，难以识别。冯·勒柯克不该抱怨。毕竟一年以前他只是博物馆印度分部的一名无偿志愿者。因为纯粹的意外机遇（胡特死亡以及格林威德尔生病）他才得以领导这支中亚远征队。以私人的名义赞助这次探险的德皇对团队所取得的进展已经很满意了。后来才有柏孜克里克的胜利。装满那些精美壁画的箱子正缓缓向前，穿越西伯利亚赶往柏林。冯·勒柯克已经可以自信地认为自己就要出名了。

然而，当时发生的一些事情让冯·勒柯克失去了收获丝绸之路上最大宝贝的机遇。在哈密的时候，他与巴特斯从一名土库曼商贩那里了解到一个令人震惊的故事，这是关于五年前在敦煌绿洲的发现。敦煌在南面200英里以外，戈壁沙漠的另一边。根据商贩所说，当时一位中国道士意外在一座密室中发现一间大藏经室，大量的古书和写本在里面藏了数百年。很早以前敦煌便是佛教僧徒朝拜与研习的中心，这点冯·勒柯克很了解，但曾经到过那边的欧洲旅行家为数不多。跟哈拉和卓、柏孜克里克不一样，当地人仍认为敦煌那装饰豪华的庙堂是神圣的地方；想要在那边切割壁画绝无可能。然而藏经室就另当别论了，前提是它真的存在。绝对值得前去探个究竟。冯·勒柯克和巴特斯正商量的时候，一封让人厌恶的电报从柏林发来，称格林威德尔终于动身了，计划6周内抵达喀什，而且要求他们与他在那边会合。冯·勒柯克这下进退两难。去敦煌要耗费17天。显然去了敦煌就没法及时返回西边1200多英里外的喀什和格林威德尔会合。然而,格林威德尔之前摇摆不定了好几个月,没准又会轻易变卦。他们会怎么办?最终冯·勒柯克决定抛硬币,这是一枚中国银圆,结果是反面。因此巴特斯备好马鞍,他们一道朝喀什动身。

第十章

"新疆最精美的画……"

他们花了一个半月时间来到喀什。骑马先行的冯·勒柯克最先抵达，巴特斯跟着双轮马车车队，数日之后到达。但是，令他们失望的是，没有看到格林威德尔的人影，同样打听不到一点他的音讯。一直等到两个星期以后才接到消息，说他的行李遗落在俄国某处（显而易见他没给莫斯科的火车站站长什么好处），而且不确定什么时候能到。对此冯·勒柯克和巴特斯很生气。为了及时赶到，他们不仅急匆匆在新疆长途辛苦跋涉，而且错失了探访敦煌藏经密室的机会。他们只好用或许并不存在藏经室这么个想法来自我安慰。俩人过去都曾经因相信地方上的传言而受罪。有一回为了调查一处神秘的"刻字"，冯·勒柯克相信了一位村民的说法，浪费时间走了很长一截弯路，谁料最后见到的只是冰川的擦痕。巴特斯也有一回耗费一星期的时间去探寻吐鲁番周边一处并不存在的遗址，结果领路人的狗又渴又累而死，人和马匹也差点遭遇一样的命运。尽管如此，格林威德尔的爽约在整个探险期间一直影响着三人的关系。

由于喀什没有德国领事，在等待格林威德尔前来的日子里，冯·勒柯克与巴特斯和马继业在一起。他们愿意和英国人而不是俄国人在一起，有如下两个理由：第一，冯·勒柯克以前在英国住过，能讲英语，但不会说俄语。第二，他听到一些关于彼得罗夫斯基的传闻，令他很不感冒，"不愿让自己陷入这位专横的统治者的权威之下"。两年之前德国第一趟探险，格林威德尔与不幸的胡特犯了错，和彼得罗夫斯基住在了一块。后来证明这是个灾难。胡特是一位犹太人，有一回起冲突，傲慢的彼得罗夫斯基竟然恐吓说要"鞭打这个犹太人"。然而，在马继业的官邸奇尼巴格中从未发生过这种事情，与所有旅行家一样，冯·勒柯克也曾盛赞这对长期居住在遥远地方的不平凡的夫妻。这两位早已习惯新疆生活方式的德国人花了点时间才适应了女主人招待他们的这种舒服又惬意的生活。冯·勒柯克记叙说："马继业夫人安顿我在一间装饰优美的屋子里，放有一张英国床，那时候感觉自己是在天堂。然而不久……我觉得憋闷，因此起床到阳台铺上毯子，用马鞍当枕头，盖上薄皮衣，露天睡觉。我花了一些时间才再次适应在如此逼仄的卧室就寝。"

冯·勒柯克与巴特斯在此静候格林威德尔，我们有必要趁机简要介绍一下巴特斯特别的天赋和性格。他是波美拉尼亚纺织工的孩子，以前在海船上工作过很多年。有一段时间去澳大利亚内陆当农场主放羊。他在那边掌握了骑马的技艺，也适应了艰辛的生活。全部这些加之天生机灵以及在船上熟练掌握的技能让他成为一位参与探险队的合适人选。不仅这样，他同样是一位出色的搭档，很有幽默感、英勇果敢、满腔热忱且力气很大。正当他在德国游历时，因为澳大利亚一家银行破产，导致他一辈子的积蓄打了水漂，他不得已只好去民族学博物馆打杂。他参加了全部四次德国赴中国新疆探险队，以极度热忱和聪慧从早到晚持续工作数月。的确，诚如所见，他自己也成了一个热情的发掘者，所以偶尔冯·勒柯克会委托他独自开展小规模的挖掘工作。

12月6日，格林威德尔最终抵达喀什，整整晚了52天。冯·勒柯克毫不掩饰自己的不耐烦："他骑了匹老矮马慢慢悠悠前来。"但是这时候更糟糕的是格林威德尔再次生病，结果导致这趟探险（官方说法是第三次探险）再延期三周。最终1905年圣诞节当天，他们同马继业一家共进午餐后动身离开奇尼巴格。那天俄国人被邀来赴宴，可是不清楚什么原因，"他们一点都没吃这节日宴席"。根据冯·勒柯克的回忆，他们找了个蹩脚的借口，跟主人解释说他们已经吃过饭了。

格林威德尔的健康状况依旧很不好，然而四位德国人（格林威德尔带着一位会讲中文的助理）都觉得不可因为马继业的慷慨热情款待而一直待在这里。毕竟他们还有紧要的任务亟待完成。而且，斯坦因在筹备第二次探险，俄国人同样也在筹备。那会儿还有传闻称法国考察队伍不久将要来。倘若计划占据最有潜力的遗址，那就一刻也不能耽搁。出发的那会儿，他们让格林威德尔躺在一辆马车上铺的草垫子上,并在他头上边搭了凉篷防晒。他们的目的地是克孜尔(kizil)石窟建筑群,位于天山脚下,距古丝绸之路北路的库车不到30英里。

与此同时,在印度的奥里尔·斯坦因着急地等候官方允许他穿越喀喇昆仑开展第二次大掠夺。就跟在喀什的德国人一样,他也生怕对手们在他视为禁脔的地方开展发掘。他的友人马继业给他写信说了关于德国探险队延期的信息,也一道抖出了冯·勒柯克和格林威德尔互相厌恶的事情。对此,斯坦因站在格林威德尔这边,他对友人点评道:"虽然格林威德尔这个人动作缓慢,但是他做事情无所遗留。"之后提到他期待格林威德尔把"那些年轻的博物馆助手"限制在吐鲁番。然而最终从马继业那里得到消息称这帮德国人决定固守库车这个地方,这令他感到安慰。斯坦因关注的是别处,如今他的忧虑再次转向法国人这边。他记叙说:"真正的竞赛将是跟法国人。"他早有耳闻那位年轻的能力超群的法国汉学家伯希和计划在春天从法国启程。斯坦因跟一位友人坦言自己"十分邪恶",他希望俄国不准许伯希和入境,逼他选更远更慢的穿过印度的路,如此便可让斯坦因占得先机。那个时候,加尔各答和伦敦的官员们不紧不慢地来回斟酌他的建议,斯坦因则在忙着校对两卷本著作《古城和阗》(*Ancient Khotan*)。和较早的那本《沙埋和阗遗址》不同,这是针对研究中亚历史的考古学家和学生们编辑的厚厚的学术性著作。由于他唯恐竞争对手抢先一步，感觉非常烦躁（他才听说俄国人同样正在着手一次探险），他跟朋友哀叹："……只期望这巨大的印度机器运转得再快一点才好！"

德国人在吐木休克佛教遗迹进行了粗略的调查，打算留着之后再回来开掘（后来伯希和探险队打败了他们）。由于知道克孜尔的遗迹很多，他们着急地赶往这里。他们的一位当地仆从说，山周围藏有巨型石窟群，以前曾有一些日本人去过那边，待了三个月之后，1903年4月日本人明显是因剧烈地震而被迫离开了。冯·勒柯克与巴特斯策马前往这个遗址考察。他们来到了俯视激流倾斜而下的木扎提河（Muzart）的石窟群——"上百个石窟神奇地坐落在山脉陡峭的崖壁上。"冯·勒柯克晓得这个时候其他探险队也在途中，由此他租下了这个边远荒芜的地方的唯一住处，这是一间本地村民建的简陋土屋，有两个房间。由此他们标志了对这处遗址的所有权，接下来两位德国人继续前往库车向本地的中国官员问好。随后他们骑上马赶往库木吐喇（Kumtura），在那边探索另一处石窟群，然而里面全部东西早已被猎宝者抢夺一空。沿河谷继续向前走，他们见到一连串独立的寺庙，其中的壁画、雕像、写本跟其他文物依然完整无缺。冯·勒柯克记述说："在那边我们惊喜兴奋地开展发掘，几乎没有一天没有新的发现。"当时已经康复的格林威德尔实地进行小心的速写，并绘制石窟全貌。

冯·勒柯克针对该地的遗址开展了一连串考察行程，然而他了解到大多数遗址由于受潮损坏，没有挖掘意义。他在一个村中受到中国官员的盛情迎接,并将他安置在一个小旅舍住下。他讲道,刚要就寝,"忽然这个时候走进来一位高挑年轻的女子,外面穿着中国式外套、里面是华丽刺绣"。跟她一道的还有两位演奏弦乐的美丽女孩。"我晓得这位美貌女子是位出名的交际花,她急于向外国绅士提供服务。"冯·勒柯克立马跟我们保证道,他从这位女子那里购买了一对精致的耳环后就"打发这位或多或少有些气愤的美女离开"。

此时,两位俄国的挖掘者毕里索夫斯基兄弟(Beresovsky)已抵达库车一地。冯·勒柯克与巴特斯早料到会这样。俄国人发现德国人也在那边后,两拨人甚至快打起来。有关这档子事还有一段历史。当初德国人第一次探险,出于某些缘由格林威德尔和圣彼得堡订立如下规矩:德国人的行动界限是吐鲁番一地较新的遗迹,俄国人则是库车地区那些更老的遗迹。然而,冯·勒柯克与巴特斯前往乌鲁木齐造访俄国领事馆的时候,令科哈诺夫斯基博士(Kochanowsky)惊诧的是他们要去往吐鲁番。这是由于他之前已经收到圣彼得堡的信件,按照冯·勒柯克的说法便是要求科哈诺夫斯基"以最快的速度前往吐鲁番,以便为俄国的科研获得壁画、写本,等等"。的确,虽然没能弄走任何一幅壁画,但他已然从哈拉和卓转移了力所能及的所有东西。

冯·勒柯克发现圣彼得堡的两面派做法后很生气,而且他感觉在之前的约定中俄国人已经占了大便宜。他试图向科哈诺夫斯基解释,根据两方的约定,吐鲁番是德国的势力范围。岂料俄国人说他毫不知情,只是在听从上面的安排。当时冯·勒柯克就认定格林威德尔和圣彼得堡方面订下的约定没有效力,如今他得想办法劝说格林威德尔。何况他还指出还没开始发掘的库木吐喇和克孜尔从法律层面看在库车地区以外,"所以未受到约定字面意义上的影响"。然而最终俄国人抵达并看到冯·勒柯克与格林威德尔在对森木赛姆(Simsim)石窟群进行挖掘时,他们理所当然将此地视作为库车地区。因此俄国人发现竞争对手在他们以为属于自己的领地内开展工作的时候,立即大发雷霆,严厉谴责。年纪较大的那位俄国人威胁要动武赶他们离境,冯·勒柯克想法安抚了他们。然而,德国人反应过来,由于俄国人既没有弄走壁画的工具也没有手段,他们的横眉怒目并没有构成实际的威胁。因此,德国人大方地舍弃那个地点,前往也许古物更多的克孜尔。

早在格林威德尔与冯·勒柯克来此发掘一千多年之前,玄奘这位7世纪中国伟大的旅行家在那著名的前往印度的朝圣之旅中经过这里,为我们留下了关于库车王国(当时包含克孜尔)的生活的详细记录。他跟虔诚的传记作家慧立讲过,该王国面积辽阔(东西300多英里,南北200英里),还提到水源丰富的绿洲十分繁荣,甚至产出谷子和大米。从中我们得知,那个他称之为屈支的地方盛产葡萄、石榴、李子和其他水果。[①] 玄奘记叙道:"土产黄金、铜、铁、铅、锡。气序和,风俗质……管弦伎

---

① "屈支国,东西千余里,南北六百余里。国大都城周十七八里,宜穈、麦、有粳稻,出蒲萄、石榴,多梨、柰、桃、杏。"《大唐西域记》卷一《三十四国》"屈支国"条。

乐，特善诸国。服饰锦褐，断发巾帽（冯·勒柯克写道，他曾经到一个村子中见过当地精致的刺绣艺术品）。货用金钱、银钱、小铜钱。"①

玄奘所在的时代，有两座90英寸高的佛像立在库车西门道路两边。每一年秋分时节，举国僧人聚集在这里进行连续十日之久的典礼。②根据玄奘的记载："上自君王，下至士庶，捐废俗务，奉持斋戒。"每月十五以及月末最后一日，国王召集大臣共议国是，③"访及高僧，然后宣布"。他描述了很多庙宇，他在这里逗留期间很可能也到访了克孜尔的一间寺庙，对那些壁画与塑像赞不绝口，而正是这些东西1200年以后被德国人运去柏林。由于艺术史学者们认为克孜尔壁画堪称中亚艺术的巅峰。由此观之德国人的四次探险中，在克孜尔（还有柏孜克里克）收获的壁画可能是最丰硕的成果。

冯·勒柯克本人在描绘一处寺庙时指出："这些是我们在新疆所有地方发现的最精美的画，由关于佛陀的传说场景组成，几乎完全是希腊化风格。"起初德国人进入这间寺庙的时候这里仿佛空空如也。然而他们马上看到墙壁上面覆盖着一层厚1英寸的发白霉菌。冯·勒柯克写道："我拿来中国的白兰地（没有欧

---

① 原书未注明出处，且与玄奘原始叙述有细微的差异。《大唐西域记》卷一《三十四国》"屈支国"条。
② "大城西门外，路左右各有立佛像，高九十余尺。于此像前，建五年一大会处。每岁秋分数十日间，举国僧徒皆来会集。"《大唐西域记》卷一《三十四国》"屈支国大会场"条。本段其他引文亦出自此处。
③ "常以月十五日晦日，国王大臣谋议国事"。《大唐西域记》卷一《三十四国》"屈支国大会场"条。

洲人喝得了这种酒）用一团海绵清洗所有墙面"，如此壁画显现出来。当晚他头疼难耐，还发烧，估计是受了酒气的刺激。

在旁边的另一间壁画十分绚丽的石窟里，大范围采用的夺目的蓝色染料令他们目不暇接。这样名贵的颜料十分受文艺复兴时期的艺术家欢迎，当时的艺术家愿意出两倍于黄金的价格买这些颜料。里面一幅壁画描绘了阿阇世王（Ajatashatru）在生酥罐中沐浴，一位佩戴耳环的朝臣不敢跟他说佛陀圆寂的悲讯，于是就用一幅图来说明。此处发现的其他完好无损的美丽壁画展现了佛陀受诱惑、佛陀说法、分派佛骨和佛陀的葬仪，等等。

冯·勒柯克宣称在克孜尔遗址令人兴奋的发现"大大超越以前收获的任何成果。到处都是保存完好、没有被盗过的寺庙。里面全是最有趣、艺术上很完美的壁画，并且全部是来自早年间的艺术品"。跟他们在其他地方发现的不同，这边任何壁画都看不到中原文明的影响。这是因为在658年库车被中原统治以前，不仅有自己的语言，也有自己的独特绘画流派。虽然最近中国的考古学者在此新发现的东西越来越多，但是如今关于库车绘画的知识大多还是来自德国探险队在克孜尔收获的壁画和写本。

有一天这四人分别在不同的寺庙挖掘之时，猛然传来像响雷一样的崩裂声，接下来一场山崩朝他们袭来。冯·勒柯克、巴特斯与雇工们飞奔下山，"身后大量岩石追赶着我们，滚滚而下的威力难以阻挡"。冯·勒柯克看到山下河水"汹涌澎湃，巨浪撞击着河岸"。河流上游一道尘柱直冲云霄。"这一瞬间，"他回忆道，"地面晃动，轰响起如雷一般的声音，在山间回荡，此刻我们才反应过来是地震。"这个时候他们看到地震波仍旧狂暴地沿山谷而下，尘柱表明了它的路径。地震发生的时候格林威德尔带着速写本躲进岩洞一角，他那个能讲中文的助理赫尔·波特（Herr Pohrt）也安全。直到得知这个情况，他们才放心长舒一口气。还有一次，在一间每抡一次镐头就会有一堆石头和沙土从天花板震落的寺庙里，冯·勒柯克再次虎口脱险。在检查完一些他找到的木像残骸后，他靠在洞壁上，结果弄掉了部分墙面。慌乱中向后撤的瞬间，一块大石头砰一声砸在他先前站着的地方。其他人就没这么好运了。一名本地雇工在另一起石头掉落的事故中受伤严重，最终赔给他相当于3英镑的补偿金。冯·勒柯克试图让我们相信，这在当年的中国新疆是"非常可观的一笔钱财"。他表示12个先令足以维持大家庭一个月"舒适"的生活。另一次意外事故中，还有两个来自附近城镇的人在前来德国人手底下干活的路上死于一场猛烈的风暴之中。

不时出现的小一些的风暴也让远征队员担惊受怕。他们的居所距离不远，由于一年到头经常在极其糟糕的环境下开工，时常神经紧绷。也有其他烦心事。首先，很明显冯·勒柯克不肯将自己对这只极为成功的探险队的领导权拱手让给格林威德尔，他尊敬格林威德尔的学问，但不想居于其下。格林威德尔的迟到也令他非常生气。然而引发他们冲突的关键是由于冯·勒柯克表示要一气转移走寺庙全部的东西，特别是壁画。格林威德尔的立场在30多年后一位同行为他写的悼词中有很准确的概括：

"他的探险汇报清晰地表明他谴责并且自己也会避免对遗迹进行流于表面的调查以及'夺取'备受瞩目的壁画和艺术品的行为。他的目标是科学地对待每一处遗迹,并视它们为一个整体来研究。于是他会对全部新发现绘制速写和详图。此外,他觉得转移壁画不过是寻宝和掠夺而已。"

冯·勒柯克与巴特斯没工夫这么干,这产生了矛盾。有一回冯·勒柯克决定将一间小庙满是绘画的整个穹顶运去柏林,格林威德尔不准。冯·勒柯克记述道:"他如此激烈地反对,倘若我执意这样做,恐怕所有的友好关系都要完了。"格林威德尔提议了替代方案,就是进行绘图与丈量,这样就可以在博物馆里对其进行重建。对另一个有绘画的圆顶格林威德尔也提出了类似的反对意见。然而,冯·勒柯克在接下来一趟他自己带队的远征中照样搬走了那个圆顶,尽管在书里他讲到这些画在两趟远征间的七年时间里早已遭到很大的损毁。此外还有一回冯·勒柯克认为一座造像十分重要,想要搬走,由于格林威德尔反对,冯·勒柯克只好让巴特斯避开领队,偷偷将其打包好走私到德国去。

只有一回格林威德尔打算亲自挖掘。冯·勒柯克饶有兴致地记述,他的领队怎样细致地选定一座看样子能够收获很多东西的寺庙。他继而又描绘:"他动手开挖。但是他没法让手下人搞清楚状况,而且他忍受不了尘土——发掘的时候总归避免不了扬起一团团烦人的尘土。所以他很快就放弃了……"冯·勒柯克幸灾乐祸地讲道,在格林威德尔认为什么也找不到之后,巴特斯接手了,"不久便挖掘出早期印度文书写的一整层大幅精美的写本"。

但现在冯·勒柯克得的慢性痢疾愈发严重,这可能多少导致了他对格林威德尔的敌意。他担心在这个缺医少药的地区病情恶化,于是打算马上回国(要知道的是,胡特同样因为对健康疏忽,第一趟探险回去后不久就去世了)。冯·勒柯克集齐了所有挖掘出的文书,准备朝喀什动身。出发之前最后又催促了倒霉的格林威德尔。他们刚听说斯坦因计划来吐鲁番。所以冯·勒柯克敦促他已经十分沮丧的领队赶紧奔赴柏孜克里克(朝东面行进大概350英里的坎坷路途)在斯坦因抵达之前挖掘剩下的佛堂。不管怎么说,格林威德尔之前已经清楚地表明这些庙宇要留给自己(冯·勒柯克表示,要不是这样,那边全部的东西——而不是仅仅一件——没准早就安全转移到柏林了)。他说罢便撤走。不必说这让格林威德尔很畅快欣慰。

第十一章

中国垃圾堆的秘密

为了提防盗马贼，冯·勒柯克和马睡在一起，还有一回很惊险，运送写本的马车差点在湍急的水流里翻车，除此之外，冯·勒柯克没出什么意外安全抵达喀什，尽管因为生病而变得很虚弱。在喀什，冯·勒柯克恰好没能与他的对手斯坦因见面。斯坦因毫无疑问，也住在热情好客的马继业家中，但是他已经在冯·勒柯克到这里的一周前，也就是7月23日离开奇尼巴格南下。在这广阔的地区，也算是擦肩而过。冯·勒柯克十分迫切地想带着他的宝贝继续前进，但马继业一家坚持要他在这里住一段时间，恢复一下，同时安排了上尉 J. D. 希勒（J. D. Sherer），一个也要前往印度的英国军官，陪同冯·勒柯克共同穿过喀喇昆仑山口。

然而，病人和看护者的角色不久就戏剧性地反转了，在一万九千英尺的喀喇昆仑山口，希勒患上了伤寒和肺炎，严重的病情使他不能继续前行了。在这个时候，冯·勒柯克的突厥用人告诉他，驼队成员想趁着夜色偷了他的马逃走。他拿着上了膛的步枪守了一夜，威胁说要击毙任何想要逃走的人。第二天早上，冯·勒柯克为希勒留下了帐篷、大部分补给和忠心耿耿的突厥用人，然后顺着铺满白骨的路赶往拉达克寻求救援。他一路上翻过了三道高耸而险峻的隘口，仅靠雪水与面粉拌在一起的糊糊艰难充饥，最终在第九天走到了最近的村庄。在村子里，冯·勒柯克差遣人手将燃料和食物送给希勒。而他自己因为体力透支，十分劳累，竟一口气吃下了19个鸡蛋来恢复力气。然后，他又赶紧把希勒病情的说明和想要获得药品的紧急请求交给信使，让他去找在列城的摩拉维亚医生。之后，他带着一副匆忙赶制的担架回到了希勒所在的地方。冯·勒柯克让希勒躺在担架上，经过艰苦跋涉，终于在大雪封山之前把希勒送到了列城。

后来，冯·勒柯克因舍己为人、坚忍不拔而获得了首个金质耶路撒冷圣约翰医院骑士团勋章。是荣赫鹏推荐冯·勒柯克获得这次褒奖的，当时他是英国驻克什米尔的公使，自己也去过喀喇昆仑山口。根据24年后《泰晤士报》上冯·勒柯克的悼文，荣赫鹏的推荐信中最后写道："冯·勒柯克和希勒上尉仅仅是在路上偶然认识的，并且他们来自不同的国家。但是为了救助希勒上尉，冯·勒柯克居然在十四天里，三次翻越萨赛尔（Sassar）山口和穆尔津（Murghi）山口。在其第三次翻越时，更是遭受了让人什么也看不到的暴雪。萨赛尔山口高17 840英尺，顶峰还有约三英里的永久冰川。所以，冯·勒柯克不畏艰险、舍己救人的品质特别值得认可。"希勒(后来成为将军)病得特别严重,在列城教会医院里又待了六个月。

1907年1月,冯·勒柯克在离开两年半以后,带着那些手稿返回了柏林。到了格林威德尔、巴特斯和波特同年晚些时候在民族学博物馆与他会合的时候(他们三人自己也进行了卓有成效的挖掘,尽管不是在柏孜克里克),第三次德国探险队收获的文物已经有128箱之多,比上一次要多25%。为了编目、保存、陈列和公布这些珍宝,德国人总共耗了六年的时间。此后,为了收获更多的文物,他们又派出了一支远征队,这次由冯·勒柯克带领。

其间又轮到斯坦因了。此外,法国人伯希和也紧追不舍。恰巧,在斯坦因住在马继业那里的时候,伯希和像格林威德尔那样将行李搞丢了,只好在俄国的塔什干暂时停留。伯希和是一位出色的语言学家。他利用停留的时间努力学习突厥语,这是中国新疆的主要语言。此外,重整旗鼓的赫定在此时也抵达了中亚的拉达克。但是,因为他关注的只是西藏,所以不在竞争之中。

斯坦因在第二次探险中从印度出发时选择了一个不一样的线路,他要经过"帕米尔山结",这是帕米尔、喀喇昆仑山脉和兴都库什山脉的可怕会合点,之后还要穿过阿富汗东部的角落。这意味着在穿过这片"恶地"时有遭受袭击的风险,特别由于斯坦因"猎宝人"的名声已经广为人知。他随身携带了包括几只步枪和左轮手枪在内的一个武器库,以防不测。这个小队里面有第一次远征时候的两位老友，一位是被印度测绘局差遣来的测量员拉姆·辛格，另一位是叶尔羌的驼队老伙计穆罕默德居（Mahammadju），后者勇闯冬日山口加入探险队，雪崩带走了他的7个同伴，他自己也险些丧生。最后一位是小狗达什，它的同名前辈在上一次远征中跟随着斯坦因。伦敦的大英博物馆和印度政府共同赞助了这次持续两年零七个月的新远征，五分之二的远征费用由博物馆理事会承担，剩余的部分由加尔各答承担。协议规定斯坦因带回来的东西要按照这个比例在两个出资人之间分配。他的主要目标是赫定的神秘遗址楼兰，前面提到过，多亏了那把落在那儿的铁锹，楼兰遗址才得以被发现。想要抵达遗址，就意味着要穿越恐怖的罗布沙漠，但是斯坦因下决心要做第一个抵达那里的考古学家，并且将彻底研究那里的秘密。

尽管他计划顺着丝绸之路南路向东前行，但是他的第一站却是北面的喀什。他要在这里与老朋友马继业叙叙旧，聊聊关于中亚的新闻，并且按照之前马继业安排的，雇上一位年轻的叫"蒋师爷"的中国人。"蒋师爷"蒋孝琬的任务是教他汉语的基本对话，在与中国官员交谈时为他进行口译，协助他处理有可能遇到的汉语文件。这个安排取得了巨大成功，因为以后的事情表明，蒋孝琬是一位优秀的同伴，无论遇到什么困难，绝不后退，并且在工作时展现出了出色的能力。斯坦因在几年之后写道："他热爱考古，简直如鱼得水……我经常怀念……我这位总是很活跃、一直全心全意的伙伴，但是现在，唉，他早已魂归先祖了。"

当他们的驼队准备从喀什启程时，正赶上亨德里克斯神父去世，所以他们推迟了一天出发。由于神父过世，当地居民，特别是小小的欧洲人社区，陷入了十分沉痛的氛围里。这位神父于1885年到达喀什独自传教，住在一处老旧的泥屋里，那里既是他的卧室，也是礼拜堂。这位神父留有长胡子，戴着破旧的牧师帽，穿着半中半西的服饰，是个备受敬爱的人，尽管他只成功让一位老鞋匠信了教。他的过去多少有些神秘，尽管在喀什住了很多年，但他一直没有收到过来自家里的信。刚开始，仅有一个波兰人参加每日举办的弥撒。这个人由于在一场波兰人暴动里参与绞死了一个俄国牧师，被流放到了西伯利亚，从那里设法到了喀什。然而有一次，神父和波兰人起了争执，以后就不准波兰人参加弥撒了。不过波兰人没被吓住，他偷偷地蹲在神父的门边，耳朵紧贴钥匙孔，完成弥撒。

在马继业刚到喀什的时候，他与亨德里克斯就成了莫逆之交。这不仅由于这位荷兰人是非常聪明且优秀的语言学家，还因为他是本地的最佳情报源。有一次他被斯坦因称作"活报纸"。马继业注意到，亨德里克斯依赖别人的一点点施舍度日，就请他与自己一同就餐，而且后来让他与他们共同在奇尼巴格居住。但是，1898年时，马继业与新婚妻子一起结束在英国的度假返回来，这位老神父坚决要搬出去。最后，马继业说服了地方政府，为老神父寻找到了一间房子。但是俄国总领事彼得罗夫斯基特别讨厌这个老传教士，逼迫中国官员收回已经做出的决定。这激起了当地居民的抗议，他们强烈支持亨德里克斯。最终他在镇上寻得一处破败的房子用来居住。

就是在这里，在斯坦因准备往南边进发的那天早上，马继业发现他的老朋友由于癌症逝世了。斯坦因在《中国沙漠中的遗址》(Ruins of Desert Cathay)里讲道："他孑然一身在摇摇欲坠的小屋里，坚持拒绝任何照顾与帮助。所以弥留之际他身旁没有一人。这是一个生命悲惨的谢幕，但对于他神秘的生平往事，即便是他最熟悉的伙伴也不知晓。"从1899年11月到1902年6月从来不与马继业交谈——更不与亨德里克斯神父讲话了——的彼得罗夫斯基现在已经退休了。新上任的俄国总领事态度更随和，不知为什么，他张罗了老传教士次日的葬礼。由于第二天早上棺材还远远没做出来，这个俄国人和几个哥萨克护卫访问了木匠铺去催，在去之前还喝了很多酒来提神。待到棺材做好了，哥萨克人毕恭毕敬地将尸体放入棺材里面，斯坦因形容尸体"因长期受苦而瘦骨嶙峋"。随后他们摘下帽子，冒着正午毒辣的阳光，前往俄国人的墓园。

当天下午，斯坦因和他的探险队开始了沿古丝绸之路南道行进的漫长旅程。夏天炎热，很快他们意识到不可在白天行进，因此决定在白天休息，夜晚赶路。刚开始，他们计划去村里的公馆，这是官方的旅舍，但是因为风俗，公馆的房子是坐北朝南的，在中午时会吸收很多的热量，并且都很脏。所以，斯坦因和队员们就在村里生活条件好的村民家中停留。斯坦因利用这短短的休息时间处理关于他第一次探险的厚厚的两卷本著作

《古城和阗》的剩余校样,随后分批次从俄国中亚的费尔干纳寄到牛津。

尽管斯坦因的首要目的地是楼兰,但他打算先挖掘或再一次挖掘一路上路过的其他一系列遗迹,包括卡达里克(Khadalik)、多莫科(Domoko)、热瓦克、尼雅和米兰。他知道没有必要赶着去楼兰。依照马可·波罗的记录,楼兰在"罗布大沙漠"的心脏位置,那里没有水源也无人居住,只有在冬天,才可能安全抵达并开展研究。此外,多亏了喀什的马继业,通过当地邮政服务,斯坦因对他的对手们的行动有了充足的了解。这样一来,在进行了历时五个月的成功挖掘后,他的驼队满载文物终于抵达了南道城镇中最东的查克里克(Charkhlik),这是一个小而孤立的绿洲。斯坦因准备从这里穿过严寒封冻的沙漠去劫掠楼兰。

在他翻越沙漠的驼队里有他自己的小团队、两个本地向导、50个劳工、他的7头驮满行李的骆驼和从当地租用的18头骆驼。每头骆驼都驮着500磅的冰,这些冰是他们一旦必须穿越塔里木沙漠时仅有的水资源。另外,斯坦因还租用了30头毛驴,将更多用袋子装起来的冰块驮到距离最近的水源有两天路程的地方。到了地方后将冰块从袋子里倒出来堆在一起,小心地面向亚北极风,这种风从蒙古刮来,在沙漠上呼啸而过。法显、玄奘和马可·波罗都穿越过这片沙漠,他们三人都深信这里闹鬼。马可·波罗写道:"因此旅行者都紧紧跟在一起。"不过在大概五年之前,赫定曾穿越这里,斯坦因从他绘制的地图中获益良多。

虽然斯坦因总是能从马继业的来信中得知他的竞争者的情

况，可是他依旧感到焦虑，尤其是担心伯希和第一个赶到楼兰。他在给一位朋友写信时说："你应该能想到，让我担忧的是，如果看到法国人早已在那里的话……那样我们只好想办法寻得一个妥协的方案。"他们行进缓慢，每天不超过14英里，无论对人还是骆驼而言路途都很艰难。每次骆驼的脚掌出现溃疡时，就不得不用古老但有效的塔克拉玛干医治方式，把一片皮子缝在溃疡的地方，相当于又给骆驼钉了次掌。有些时候，沙漠里晴空万里，斯坦因能够清晰地看到北面200英里以外白雪覆盖的天山，同时也可以看到逐渐远去的南方的昆仑山脉。

出发了11天后，团队由于仍旧没找到楼兰遗迹，士气逐渐低沉了。斯坦因为了激励队员们的士气，承诺给最先看到建筑物遗址的队员很大一笔银币。如此一来，团队的行进速度明显提高了。又过了很长一段时间，一个驮夫爬上一座小土丘，用手指向远处东面地平线上的一块小突起欣喜若狂地欢呼。他获得了奖金，因为斯坦因用望远镜确认了那是一座佛塔遗址。他们到了沙漠里最遥远的一处遗迹——楼兰。斯坦因在给朋友的信中描述："多么萧瑟的荒原，到处都有死亡的气息。"他和他的团队巡查过周围的情况后几乎难以相信这个完全没有生命的地方以前居然存在着一个庞大而繁华的社会。此时，他已经不需要担心伯希和了。在这荒芜至极的地区，除了1901年赫定来过，之后再无他人到访。

斯坦因明白，楼兰和丹丹乌里克都是多亏了赫定。不仅是由于这个瑞典人找到了它们，并且还由于他绘制的地图十分精准，让他们可以安全抵达。尽管他们二人来楼兰的线路不一样，但斯坦因亲自用三角测量和天文观测确定的楼兰坐标在纬度上与赫定的结果差距不足1英里，而经度上的差异仅略大一点。斯坦因高兴地记录道："在如此广袤的大地上，这么小的差别真是微不足道。"

在以后的11天里面，斯坦因和队员在沙埋的遗址里挖掘。他们常常要顶着刺骨寒风，为了不被冻死，人们用死了几百年已经发白脱水的树干燃烧取暖。他们没找到令人震撼的壁画或巨型雕塑。与宗教中心柏孜克里克、克孜尔、哈拉和卓和拉瓦克不一样，楼兰是一处要塞城镇，在赫定成果丰硕但业余的探索中已经充分证实了这一点。而此次斯坦因展开的更为系统性的发掘更是生动地对这一结论进行了补充。他们揭示了这里的悲惨结局——一个小小的帝国边塞与不断收缩的帝国本土彻底断绝了联系，慢慢地独自走向灭亡。

当然，斯坦因在发掘时并不明白他发现的碎纸片和木片上的文字到底是什么意思。他不懂汉语，而且他担心中国助手蒋孝琬无法经受穿越沙漠时的跋涉之苦，不顾蒋的强烈反对，把他留在阿布达里村（Abdal）了。这些碎纸片和木片上的文字都是古汉语，沙畹以及其他研究人员要花费许多年的时间耐心研究才能解读所有的残片并将它们的意思穿起来。

正如我们通过赫定发现的文物已经得知的，楼兰曾经是个繁华的军事与商业社区。把它设在这个遥远的地方是为了守卫中国西部边疆，并且确保商品可以沿丝绸之路自由流动。这是一场持久战。220年汉朝崩溃时，中国暂时输给了它的敌人匈奴。斯坦因找到的很多有日期的文件都是3世纪中期的，当时西晋皇帝正努力重新控制西部地区，在当时的战斗中，楼兰要塞发挥了关键的战略作用。

斯坦因从一个古时候的垃圾堆（在这方面他是行家）中找到了军事记录，为我们提供了关于那个时候前线战事的一瞥，其中有来自远方的前线送回来的作战报告。依据中国编年史，这些努力最终失败了，因为新的王朝的实力尚不足以长时间控制中国中心区域，就更不用说掌控边疆了。后来，就像斯坦因在垃圾堆里寻找到的证据显示的那样，楼兰与遥远的国都间所有的联系都被胡人成功切断了。然而，楼兰没有马上覆灭，因为它早就知道如何在失去补给与指令的情况下独立存活。确实，尽管已经失去了与祖国的所有联系，这个小小的要塞依旧继续维持驻军，持续的年头长得令人惊讶。这一点我们从斯坦因发现的一份有启示性的材料中可以得知。这份材料是他在楼兰寻到的众多带有日期的文件中最晚的一份。文件写于330年，是根据建兴皇帝授予的权力给一个胡人（有可能是雇佣兵）进行支付的凭据。没人告诉这个被包围的要塞的指挥官不仅建兴皇帝14年前就不再统治了，而且他的王朝也早已灭亡了。①

---

① 原书如此。此处指的是"建兴十八年三月十七日粟特胡楼兰……一万石钱二百"。见侯灿、杨代欣：《楼兰汉文简纸文书集成》，成都：天地出版社，1999。但此处的解读有多处错误，首先，这不是支付给雇佣兵的，而是从"胡人"那里收取的。其次，"建兴"为西晋愍帝年号，在316年随西晋灭亡而终止，至330年确已经过14年。但前凉政权仍继续使用西晋建兴年号，楼兰当时属前凉，所以也使用建兴作为年号，而并非是因为与中原切断联系、不知道西晋灭亡。

关于楼兰的历史,还有一个奇特的后世注解。17个世纪之后,也就是20世纪60年代,离这个小要塞曾经伫立的位置不远,是中国国防领导人选做核武器基地的地方——目的是威慑敌人。当今的中国历史学家,对于赫定和斯坦因从楼兰掠夺走文字材料感到尤其愤怒,因为关于中国在那段时期的历史知识十分匮乏。

斯坦因在楼兰还有两个惊喜。一个是他寻得了一个金属卷尺,这是斯文·赫定在1901年时丢失的。斯坦因后来在伦敦的一次英国皇家地理学会的宴席上将这个卷尺还给了赫定。另外一个是,他的送信人在圣诞前夜不期而至,将来自马继业和他家中的信件交给他。这个信使之前带上了斯坦因要寄向国外的信,在经历了艰难险阻抵达西面的和阗之后,仅仅休整一宿,就继续向阿布达里进发;通常要花费30天的旅程,他只用了创纪录的21天的时间。尽管他不知道斯坦因的具体位置,但还是带着一个当地人做向导,穿越沙漠去找。到第五天,他们带着的为数不多的冰块用光了。如果不能在第六天见到斯坦因,毋庸置疑,两人都将死在半路上。尽管这样,信使见到斯坦因后的第一个要求是让他确认马继业在信上留下的封印是否完好无损。斯坦因十分感激信使在圣诞节给自己带来的快乐,于是将携带的全部美食都用来宴请信使。那晚,他静静地端坐在营帐里,伴着忽明忽暗的烛光,阅读来信。这让他暂时忘记了凛冽的寒风和双手皮肤开裂的疼痛。

斯坦因在楼兰的另一项发现具有重大的意义。他发现除了众多的中国政府文件和碎纸，还有许多佉卢文文字写成的木简。这个发现使斯坦因十分意外，后来他写道："我简直无法设想，期望可以在相距如此遥远的东方发现古印度文字和语言写成的记录。"他解释道，这些发现表明，那时的中国军事机构允许地方的行政权力不受干扰地掌握在本地区统治家族的手里。这批佉卢文木简的出土，激起关于另一个有趣的可能性的讨论。也就是说，在历史上的某段时间里，地处中国边陲地区的楼兰可能曾被古印度帝国当作遥远的东方前沿哨所，而现在的研究者对这个帝国一无所知。

此时，斯坦因带来的冰块就要用光了。又到了该走的时候了。在阿布达里与停留在此的蒋师爷会合之后，下一站是米兰。他在那里的一座被遗弃的佛教寺庙里发现了众多精美的壁画，其中有一块做工精良的护壁板上面绘制着带有翅膀的天使。斯坦因对于这个东西写道："这让我彻底震惊了。"他自问，以古典画法绘制的带翅膀的天使，是如何出现在"亚洲腹地的心脏处、凄凉无人的罗布泊岸边"呢？他在这里寻得的有明显西方特点的绘画不止这一件。其中一些署有一个简略的名字提图斯（Titus）。斯坦因据此可以得出的仅有的结论是，这也许是一位受过古典传统画法训练的罗马艺术家，他穿越了中亚抵达中国边疆（事实上，那个时期在中国新疆甚至可能有个罗马城镇。一位美国汉学家就秉持着这种看法）。

"在这之后的几天里"，斯坦因写道，"我总是感觉，自己像是身处在一些叙利亚或是其他罗马东方行省的别墅遗址里，而不是在中国境内的一处佛教寺庙中。"然而,凛冽的冬日寒风有些时候甚至变成飓风,总是提示着他自己究竟在哪里。他将米兰那些最漂亮的壁画剥下来,将其与之前四个月发掘出的文物一起打包,用骆驼运送到了喀什马继业的居所。这段路程走了两个月。最后,1907年2月21日,他再次穿过冰封的罗布沙漠,这次是向东北前进,去往大概380英里远的敦煌。这次行程,用一位中国学者的话说,将让中国人"切齿痛恨"。

第十二章

敦煌：藏经洞

藏在戈壁沙漠中心的是中国众多奇观中最不为人所知的之一——敦煌千佛洞，骑上骆驼从最近的城镇过去要四天。这里有超过400间在参差不齐的崖壁岩面上凿出的古老岩石寺庙和佛堂，里面满是壮观的壁画与雕像。它是所有中亚石窟建筑群里面规模最大、绵延最远的——足有一英里。几个世纪以来，在佛教世界中，这里作为祈祷和还愿的中心而享有盛誉。原因跟地理位置有关。它位于一个小小的绿色峡谷里面，被高大的沙丘包围，在敦煌西南面大概12英里的地方。而敦煌自汉代以来，一直是中国去往西方的大门。这是旅队从古老丝绸之路启程的最后一处落脚点。朝圣者、商贩还有士兵将要离开中国前往在精神上黑暗、肉体上危险的塔克拉玛干沙漠之前，会在敦煌的寺庙祈求前路上的恶魔能够远离自己。同样，旅人从西方抵达敦煌后也会在这个地方表示感恩，因为他们平安地穿越了恐怖的大漠。因为在敦煌这个点上，丝绸之路北道和南道交会，所以所有通过陆上往来中国的旅人不得不经过这里。因为行旅和朝圣的交通繁忙，几百年来这个绿洲自身变得相当繁荣。在离开著名的玉门关前往塔克拉玛干沙漠中首个绿洲之前，这里的市集提供给旅队最后一个备足食物和水的机会。

敦煌石窟及其名字的起源据称可以追溯到366年，当时僧人乐尊看到云中有千佛闪耀。他说服一位富有而虔诚的朝圣者，让当地的艺术家在其中一处小洞里作画，之后将此供奉为神龛以保他平安返回。其他人照着做，数百年间在崖壁上开凿出越来越多的寺庙和神龛，并进行了装饰。人们相信这可以保佑捐赠人旅途平安。这里的石窟一度超过1000处，当中有469处保存到今天。敦煌最兴盛的时候，也有许多寺庙伫立在由白杨和榆树组成的防护林中，面向着蜂巢一般的石窟。除了壁画和雕像，这个地方还保存了不少铭文，让人回想起当初施主们真诚的愿望。有一块是步兵官员在947年8月2日建造的，祈求观音菩萨保佑"地区日渐兴旺，去往东西的道路开放自由，来自北面的鞑靼以及南面的吐蕃停止抢夺和战乱"。①

敦煌不像许多丝绸之路沿线更远的绿洲那样因为野蛮人或沙漠而遭遇废弃，它和它的石窟在饱经这么多世纪的兴衰以后幸存下来，差不多原封不动。如今这里供奉的壁画与雕塑有

---

① 原文如此，无出处。似应为归义军节度使曹元忠雕印观世音像中所附文字，但与原文有一定出入，且时间为947年7月15日。曹元忠观音像中文字为"奉为城隍安泰，阖郡康宁。东西之道路开通，南北之凶渠顺化，励疾消散"。

1500多年的历史。西方一位艺术史专家称为"世界上最丰富的博物馆"。盖群英形容它是"沙漠里一座伟大的美术馆"。但由于这里很偏远,直至20世纪初极少有西方旅行家注意到这里。即使现在也只有极少幸运的人可以看到。1879年普热瓦利斯基到过这里,匈牙利地质探险队的部分成员也无意间到过这里。

尽管那个时候斯坦因没有计划开展挖掘或是弄走这里壮观的壁画,但很多年以前他听跟随匈牙利探险队的地理学家拉乔斯·洛克齐(Lajos Loczy)说过这里如何壮观美丽,于是就一直希望去走访一番。1907年3月12日的早上,人困马乏的斯坦因顶着寒冷的风暴来到镇上。那会儿他不曾想过敦煌将是他收获最大的地方。的确,那个时刻他想的是别的事情,也就是从米兰过来时在冰封沙漠里所发现的东西。这是一系列古老的瞭望塔。他相信这就是中国正史中提及的长城西端早已消失的一段。因此他决定去千佛洞先进行简短的考察,补充食物和水,之后返回罗布沙漠对这神秘的城墙再做进一步的研究和挖掘。

但抵达敦煌之后,他很快从一个乌鲁木齐商贩那里听说了一件特别的事情,有一位道士王圆箓声称自己是石窟的捍卫者。几年之前,王道士无意间找到一处密室,其中有大量古代写本。斯坦因决定前去探访,他没有浪费时间,直接出发穿过12英里的沙漠到石窟去。到了那儿,斯坦因发现因为要筹钱修葺寺庙,王道士去了相邻的绿洲化缘。斯坦因也不情愿地看到,修复工作已经粗略地展开了。此外,这位道士几周内都不太可能返回,何况写本所在洞窟的钥匙(自从发现这里后就装了门)在道士那边紧攥不放。靠着中国助手蒋师爷四处探问，斯坦因得知写本可以"装几马车"。而且找到藏书室这件事情早已呈报给在兰州的中国政府。正是当地的总督在看了写本的样品之后要求将其锁起来确保安全。

斯坦因兴奋之情溢于言表，他似乎找到了消失已久的中国长城延伸的一段；他还找到未知的藏经阁；如今他流连在一个个石窟的美丽壮观的壁画与雕像之间；当年在匈牙利还是学生的他就梦想着这些。正当他在一个个洞窟间奔走的时候（蒋师爷紧随其后），偶然碰到一位年轻的和尚。他说王道士曾暂借给庙里一份手稿，他知道手稿在哪儿。斯坦因在《中国沙漠中的遗址》中写道："这是一份保存完好的美丽纸卷轴，大概一英尺高，约莫十五码长。"他同蒋师爷小心地展开卷轴。这是用中文写成的，然而蒋师爷不得不承认他完全看不懂。斯坦因为自己完全不懂汉字而非常懊恼，之后他还会为这一点而懊恼的。不过，有一点是确定无疑的，那就是倘若他们想调查这个惊人大发现中的其他古物，就只能等王道士回来，此外没有其他法子。与此同时，对于热心帮忙找出这本手稿的僧人，维护友谊显然是很明智的。于是斯坦因计划付他一笔可观的酬劳，但在这点上蒋师爷则认为要低调。他表示这么多钱财不免让人怀疑他们的真实目的。末了只是给了僧人一点白银便作罢。斯坦因回忆道："不论敦煌的人有哪些不足，由年轻僧人心满意足的样子也能看出，他们不曾施舍这些贫穷的僧人过多的东西而惯坏他们。"

王道士离开期间，斯坦因在敦煌完成力所能及的事情以后，

柏孜克里克石窟中一幅9世纪的大型壁画，被冯·勒柯克切割下来（注意其中的锯痕）并带到柏林，后毁于第二次世界大战期间。这是西域艺术的典型例子

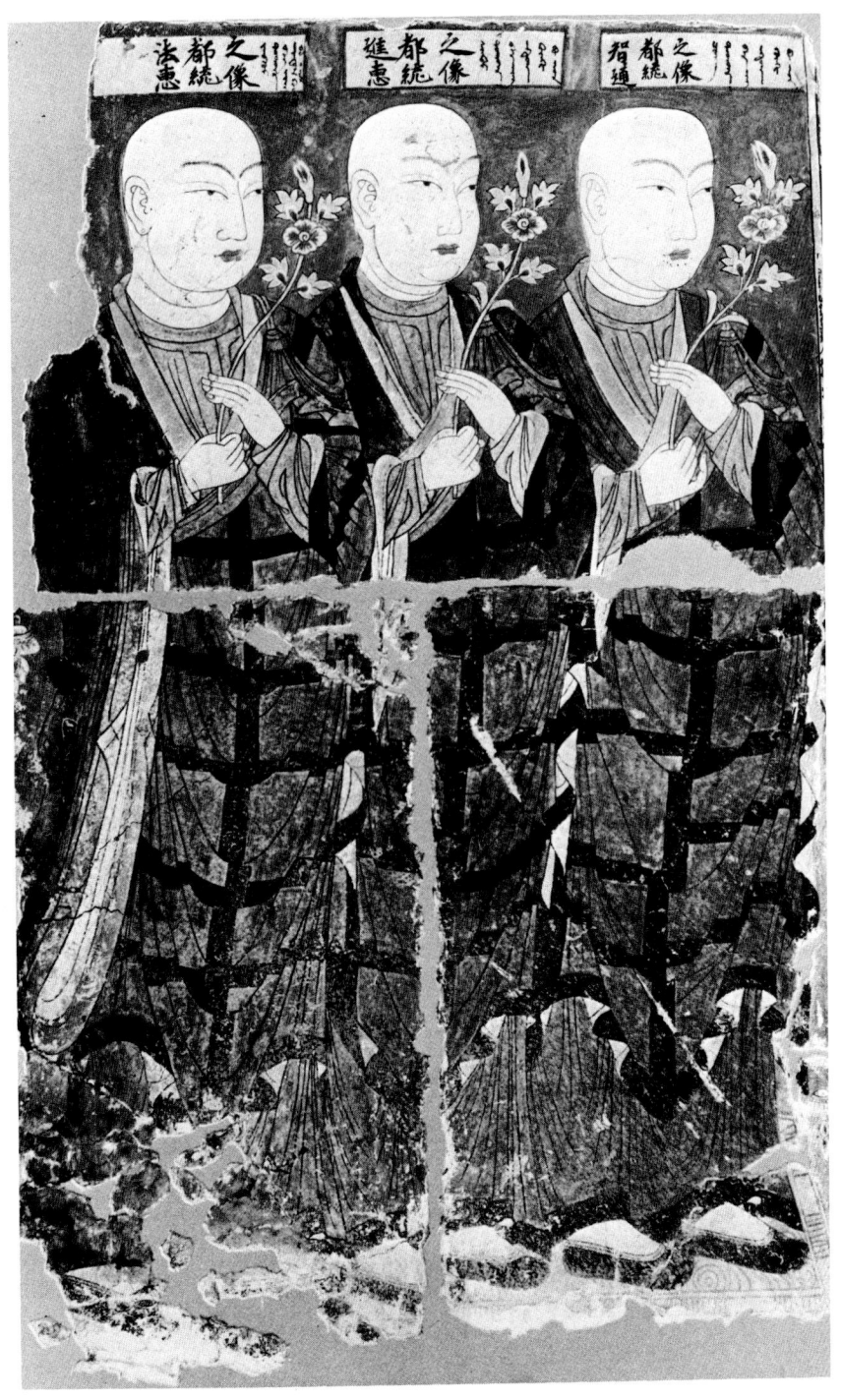

14　柏孜克里克石窟中真人大小的佛像，描绘了中国僧人的形象。毁于第二次世界大战

15　柏孜克里克石窟中的类似壁画，表现的是印度僧人的形象。已毁

16 另一幅柏孜克里克石窟壁画的局部,表现了波斯赞助人的形象。已毁

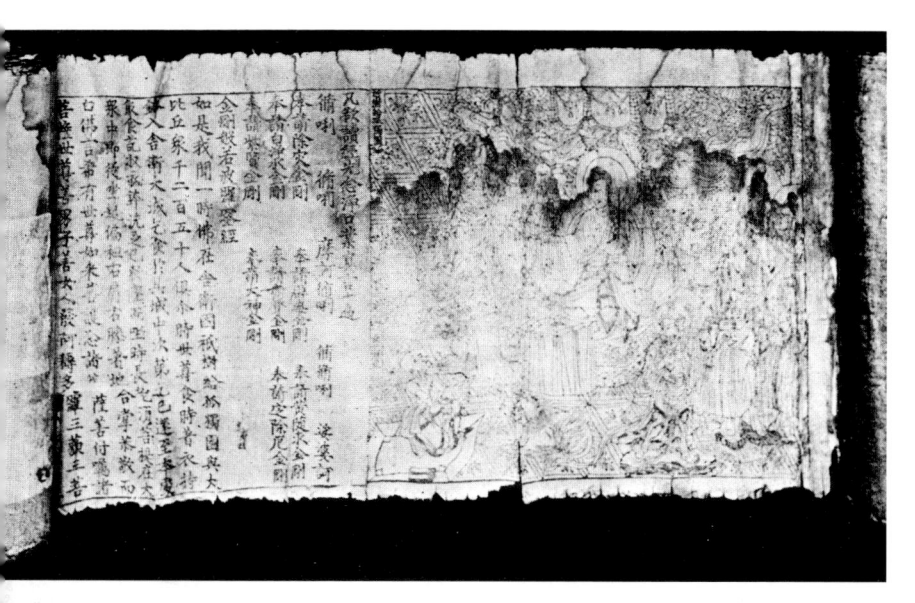

7 藏书室中世界上最古老的印刷本

8 斯坦因的车队,从阿布里达村向喀什前进。照片由斯坦因拍摄

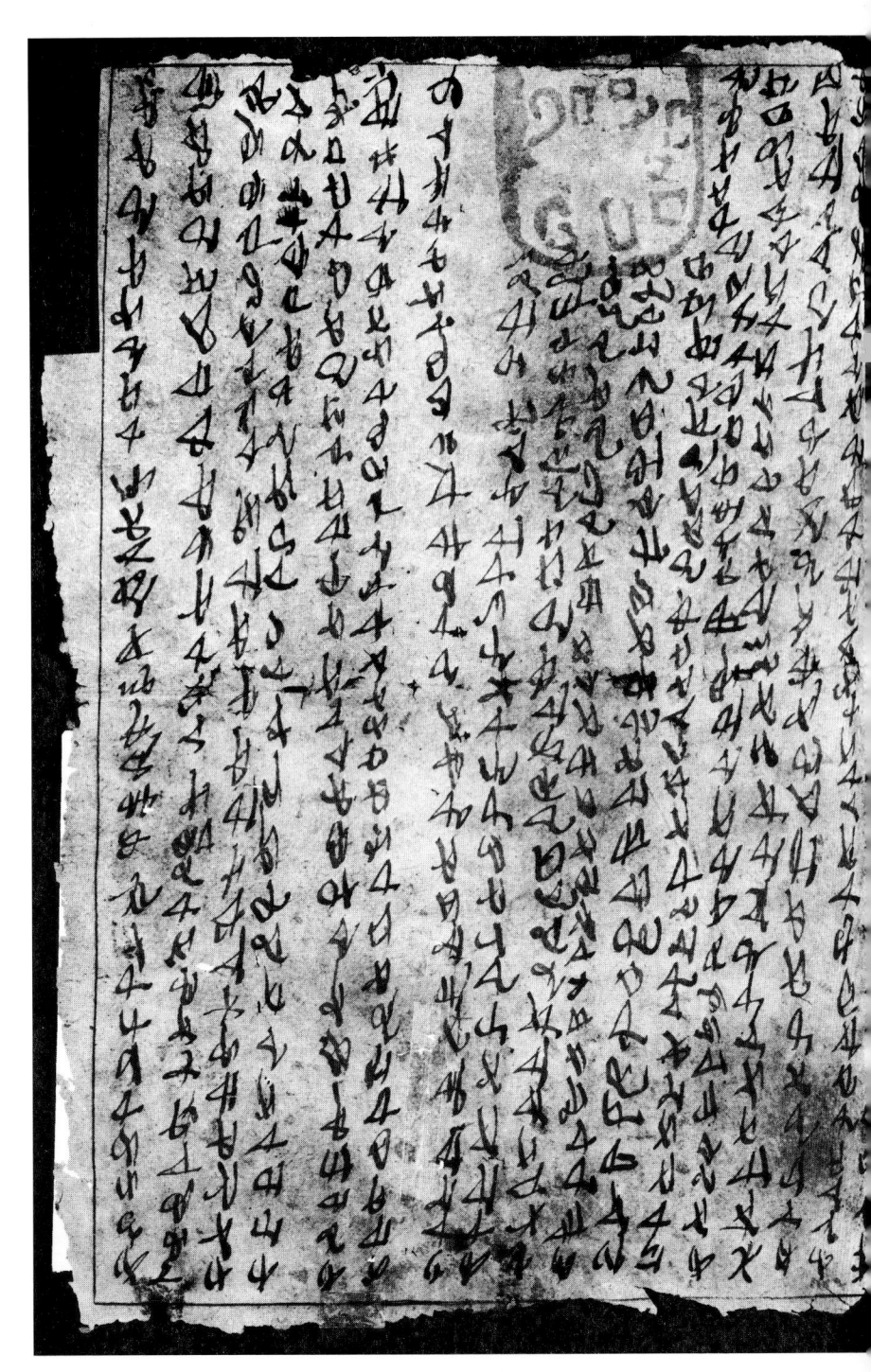

19 阿克洪用"未知文字"伪造的"古书",已从大英博物馆的藏品中移出

尼雅一处房址的发掘现场,照片由斯坦因拍摄

斯坦因和他的队员在塔克拉玛干。勘测员拉姆·辛格坐在斯坦因的左边,后来在旅程中失明

22　兰登·华尔纳从敦煌带走的单膝跪姿菩萨造像

立马又前往依旧冰封的沙漠考察他那神秘的长城遗迹。他将自己的跟班们描绘为"我带过的发掘者当中最疯狂的一队。他们精神不振，被鸦片摧残得虚弱不堪"。然而斯坦因能雇到这些人已经很走运了，因为40多年前的一场暴乱让这里人口骤减，导致劳力非常短缺。接下来的几周中，尽管斯坦因一直惦记着千佛洞还有王道士的秘密写本，不过他和他的杂牌发掘队伍仍旧有了一连串关键的发现，这些发现确定无疑地证明了那些坍塌的瞭望台就是两千年前长城延伸出去的那一段的残留部分。除此以外，他们还发现了中国著名的玉门关旧址，当年丝绸之路上来来往往的一切都必须经过这座历史性的边塞。美国考古专家兰登·华尔纳（关于他自己在中亚冒险的事情我们稍后再谈）提及斯坦因找到长城延伸残部的时候指出："这是我们那个年代里面最富有戏剧性的发现。与此同时也深刻影响了对早期中国与中亚历史的解释工作。"斯坦因在之后的探险中又沿着这道长城向前追踪300英里（他把城墙比作古时候罗马边界的堡垒），抵达如今离蒙古国边界不远的羌谷①。给英国友人写信的时候，斯坦因讲道："我骑马沿着城墙考察新塔楼时，时常觉得仿佛在巡检仍有活人守卫的岗楼。两千年光景宛如短短的一瞬间。当初卫士从屋里清扫出的垃圾如今依旧堆在门口的地上……"

斯坦因带着记录汉朝边境日常的古物和信回到敦煌，那个时候非常关键的王圆箓也已化缘归来。但斯坦因不得不再等一

---

① 即黑河。其下游古称弱水，其中内蒙古境内部分称额济纳河。

周，因为每年都要举办的庙会开始了，周边绿洲的城乡居民都会聚集到小山谷，人最多的时候足有数千。最后，1907年5月21日，他终于又来到神圣的石窟，王道士在那里等他。欧洲人称颂的斯坦因最杰出的收获，同样令中国谴责为无耻诡计（甚至是偷窃）由此展开。就像关于埃尔金大理石雕塑①的争议，关于敦煌藏经室的争论也许会同样一直存在下去。然而我们这里只关注斯坦因与蒋师爷到底怎样说服写本的保护人，并且带走那些无价的珍宝。

5月份的某天早上，斯坦因第一次与王道士碰面，他对王道士的印象是："他看上去是个非常奇怪的人，十分胆怯而神经质，偶尔会显出狡诈，一点也不讨人喜欢。"斯坦因还补充道："显而易见，首次会面便发现他不好打交道。"当然他也未跟王道士提及那些秘密珍藏的写本。斯坦因（就像小道士深信的）自称考察这边的寺庙并拍下那些壁画的照片才是他去敦煌的目的。事实上在给王道士找到秘密书库的侧龛附近拍照片的时候，斯坦因观察到那所藏经密室的进口已然被砖头封堵。这令他倍感失望。之前这个入口不过是挡了一道简易粗糙的木头门。与此同时，斯坦因听说了一件对他来说很不祥的传闻，甘肃的总督命令把藏经室整体转移到兰州。这样的话他甚至没有见一下写本的机会，更别提弄到一些。斯坦因急于求证真实情况，于是派出聪明机灵的蒋师爷前往王道士住的洞窟。过了很长一段时间，蒋

---

① 即英国大使埃尔金从土耳其人手中获得的希腊帕台农神庙的大理石雕塑。这些雕塑现存大英博物馆，作为镇馆之宝。希腊人一直视其为掠夺行径。

师爷回来了，或多或少打听到一点让人兴奋的消息。当中第一件事情是王道士封锁藏经室的进口只是为了在上周庙会期间避免好奇的朝圣者进去；第二件事情是，省府兰州的官员随机挑了一些写本检查了之后，打算还是把其他写本放在原地，由自称是保护人的那位掌管。关于这点斯坦因记述："很明显是因为运费太高。"然而不论原因是什么，省府看上去十分了解敦煌藏经室的情况。

现在斯坦因和他称作"文人"的蒋孝琬开了一个作战会议，试图制定一个策略来取得道士的信任——以及合作。两人见面的那会儿，蒋师爷问王道士可否允许他们看看那些写本，道士没有表态。蒋师爷进一步提出，既然王道士如此热衷于将这圣地恢复成往日的胜景，他们想出资支持。此刻王道士表现得更有意向了。接下来蒋师爷超越了斯坦因的指示，暗示他的主人很有兴趣收购部分写本。王道士十分动摇，在斯坦因看来，他一来是有宗教上的顾虑，二来是害怕被人知道。蒋师爷很快不再讨论这事。斯坦因在《中国沙漠中的遗址》一书里写道："仅仅依靠钱显然没法打消他的疑虑。"除此之外，试图借由考古之名看一看或者得到一些写本，对于这个半文盲的道士而言也不起作用。

斯坦因打算双管齐下。他意识到这个地方是这个道士生活中欢愉与骄傲的来源，于是他先跟王道士提出能否看看他全力以赴要恢复的这个地方的概貌，这样他们也能够顺便近距离考察石窟的设计。果不其然他的要求得到了肯定的回应。对于这回导览，斯坦因生动地描述道："他带着我穿过壮观的前殿，其中有大量木构件，都是全新的，而且都有奢华的描金上色；之后经过高高的廊道去往正殿，这条廊道为正殿带来了光线。这个时候我不由自主地瞥了右面，一坨没有粉刷的丑陋砖墙仍在那儿封堵着密室。"

斯坦因知道现在不能对这面新砖墙后头有什么表现出任何好奇心。反之他表现出对道士的修复工程的礼貌但确定无疑的关心，同时掩盖自己看到那些巨大丑陋的新雕像时的厌恶之情，这些雕像是这个过去曾经当过士兵、现在又当了圣人的王道士委托制作的。关于这些雕像，斯坦因补充道："全部这些只能清晰地体现出敦煌的造像艺术沦落到多么糟糕的地步。"但是他还是十分佩服这位一根筋的朴实的中国农民，"自命为敦煌保护人的王道士在修复庙宇上的奉献精神是诚心诚意的，从宗教方面看也是在修行积德"。从王道士极度简朴的生活，以及蒋师爷在敦煌打探到的关于他的所有信息当中，都明白地显示出他省下的每一点钱，除了维持他自己以及两名侍僧的必要花销，都用在重建工程上面了。

与王道士建立一定联系之后，斯坦因开始出第二张牌。"这位有点奇怪，极富宗教热忱、天真无知又极其执着于其目标的道士"让他想到古代沿丝绸之路前往西方朝圣的佛教僧人。斯坦因觉得如果提及自认的主保圣人玄奘（他同样受到广大中国人的敬爱）的名字，没准能够引起王道士的共鸣。道士眼里马上"放光"。两人很快都表现出对玄奘的崇敬之情，尽管各自的想法完全不一样。王道士显然视玄奘为某种"神仙"。但观点不一致丝毫没有关系,毕竟斯坦因已经得到所需的东西,第一步就是要获得这位矮小的道士的信任,之后想办法去藏经的石窟里面。当然这得耗费很多时间和耐心。斯坦因用其"半吊子的中文"跟王道士说他如何崇拜这位伟大的旅行家。接下来随着话题的深入,斯坦因开始讲述"自己如何追随玄奘的脚步,从印度出发行进万里,穿越人迹罕至的山峦大漠,在这趟朝圣之旅的路上到访很多仍然留存的遗迹,还有不少玄奘曾经朝圣过的寺庙,无论这些地方有多么难以抵达……"

这一招马上奏效。当时这名身材矮小的道士面露傲气,带斯坦因往外走,去看最近才建造的廊道。道士早已跟当地艺术家交代,要用传说中这位伟大行旅僧人的一生功绩来装饰走廊。王道士热情地讲解每一处壁画——玄奘制服一条龙,让它吐出吞下去的马驹;还有他通过诵经从妖怪那里自救。但是,这里面一个插曲让斯坦因觉得没准是个有帮助的好兆头。里面一幅画描绘玄奘在湍急的河岸边站立,马匹驮着佛经站在旁边。巨大的乌龟游向他,协助他带着神圣的典籍平安渡河。斯坦因记述:"显而易见画作讲的是历史上这位旅行家靠二十匹矮马从印度平安驮回佛经的事迹。然而这个故事能否让这位虔诚的保护人受启发,并愿意积积德允许我们将他无意间获得并守护的那些写本中的一部分带去佛教的发源地呢?"斯坦因打算暂且留着这张牌,伺机而动。他把蒋师爷留在道士那边,试图叫他劝说这位同胞,好歹借几本让他们研究一下。可是王道士依旧举棋不定，仅仅答应之后再谈。蒋师爷返回后报告了斯坦因。斯坦因由此写下："我再无他法，唯有等待。"

不久事情出现转机。那天晚上夜深的时候，蒋师爷悄悄去斯坦因的帐篷，兴奋地从衣服里面掏出几份写本。斯坦因一下认出这些卷轴非常古老。蒋师爷又把写本藏于衣服中（由于道士坚持要保密）跑回道士的小屋，这个小室坐落于崖壁开凿出来的大佛脚下。后半夜蒋师爷一直在钻研这些写本，希望认出里面的经文并确认年代时间。天刚擦亮，他面带"获胜并且吃惊的神情"返回斯坦因的帐篷中，兴高采烈地汇报，根据后面的题署可以判断，这些就是玄奘亲自从印度带回的原著中翻译出来的佛经译本。

诚然这是个令人震惊的预兆，斯坦因称作"近乎神圣的暗示"，即使敏感的王道士也几乎没能察觉到这一点。他在秘密的房间里拿走这些写本的时候，也不可能晓得这与玄奘有关联。蒋师爷立即跟王道士说了，让他相信唯一有可能的解释是，已经在阴间的玄奘选定此刻向斯坦因展示这些神圣的佛经，这样一来"从那么远的印度到来的信徒和追随者"就可以将这些经文送去它们来的地方。蒋师爷根本不必特意指出，虔诚的道士很快就有所领悟。挡着珍藏写本石窟的那扇门几个小时内便拆掉了。天黑以前，靠着王道士粗陋的油灯的一点光亮，斯坦因得以一窥藏经的密室。这个场面叫人想起约莫15年后霍华德·卡特（Howard Carter）凭借摇曳的烛光一睹图坦卡蒙坟墓的场景。

斯坦因作为一名考古学家，目睹这些的时候倍感惊讶，他回忆说:"这间小房子中的景象令我大开眼界。在道士的小油灯微弱的亮光下,隐约能够看到许多写本一捆捆一层层杂乱无序地堆起来,大概10英尺高。之后测算接近五百立方英尺。"借发现乌尔的伦纳德·伍利爵士(Sir Leonard Woolley)的话来说:"这是考古学从来没有过的重大发现。"英国《泰晤士报文学副刊》称其为:"几乎没有一位考古学家曾找到比这更令人震惊的发现。"

斯坦因立即发现,他和蒋师爷两人要想在密室中直接查看卷帙浩繁的写本就算不是完全办不到,至少也是十分困难的。他称这个地方为"黑洞",这里极窄,两个人同时挤进去都难,更别提开展工作。显然,解决的方法就是把全部写本搬到庙里面稍微宽敞的屋里,在那儿仔细查看。可是王道士马上指出,任何信徒只要凑巧在这边朝拜的话就有可能看到这些东西,寺庙重建的钱就是这些信徒们捐的。这么一来立刻就会谣言四起,说庙里神圣的典籍被外国人亵渎了。于是王道士执意由他自己亲手来搬,一次从密室里拿出一捆,暗地里送到旁边一所小室里,斯坦因同蒋师爷可以在那儿安心阅览,不会暴露。在这个马拉松一般的艰巨任务开始之前,斯坦因寻找了这个古老图书馆的守护人何时将这个地方砌在墙里的线索。通过曾经覆盖密室入口的残存壁画的风格,他谨慎地判断这里被封起来的时间不晚于12世纪。深入研究标注日期的写本之后发现封上的时间应该更早,约1000年前后。但藏经室封上的时间是一码事,封上的原因则是另外一码事。这可能是为了避免神圣的典籍落到野蛮人手里,当时他们正威胁要占领敦煌。也许他们的确这样做了,不过还有其他的说法。

王道士一旦发现斯坦因的调查不会有暴露的风险,他的胆子就变大了。他开始从"黑洞"(如今研究者简称为第十七窟)一批批地将写本送到斯坦因称作"书房"的地方。斯坦因原本计划将所有写本进行编目,很快他就放弃了这个念头。在《中国沙漠中的遗址》里面他解释说:"这得有一整个饱学的书吏团队才能妥善处理得了这么一大堆。"他查看这些卷本,看看是否有受潮的迹象,潮气是人类众多书面记录的大敌。所幸丝毫没有受潮的迹象。斯坦因发现没有比毫无湿气的沙漠中的密闭石窟更好的存储文书的地方了。

在敦煌日复一日的工作继续着,其间不断找到数不清的使用汉文、梵文、粟特文、藏文、突厥文、维吾尔文还有未知文字书写的手卷,此外还有很多佛教绘画。里面有些东西顶端是三角形,还有飘带,斯坦因很快意识到这是庙里的神幡和还愿的旗子。这些全部画在极其细致精美的绢或纸上。很多都被压得很厉害,九个世纪以来上面一堆堆的书稿把它们压出了死褶。这些绘画的重大意义并非其质量,而是年代久远,稀有罕见。能得到这些后来证明属于唐朝的绘画实属不易,即便它们出自地方上的小作坊之手。大部分这些绘画都在9世纪中期的灭佛运动中被毁,这场运动使得全国约莫四万间佛寺被封或者被毁。所幸781年敦煌落到了吐蕃人手中,他们统治了这里六十七年。敦煌的庙宇因此逃过中国其他地方庙宇的那种被毁的命运。

王道士的那些写本里面发现的一些丝质旗子展开之后很长，由此，一些研究者推断，这种旗子只能是专门设计出来挂在敦煌崖壁顶部的。斯坦因发觉，大多数绘在丝绢上的画在数百年间早已经被上边的写本压成了一块块又硬又脆的东西，难以展开。之后他们在大英博物馆的实验室中先用化学方法处理，然后经过类似脑外科手术一样的技术成功展开。这个过程花了接近七年的时间。

斯坦因跟蒋师爷在这段时间里每天晚上都照例将精挑细选的部分写本与绘画搬到斯坦因的帐篷中，以便进行"更为细致的研究"。对于这一点王道士没有异议。后来他竟然肯将某一类别的写本标记并转让给"大英国一处钻研典籍的寺院"以换取给他自己寺院的一笔可观的捐赠。斯坦因坦言："我们逐渐引导着他做出越来越多的让步，我们紧盯不放，不让他有太多时间考虑。"然而某天夜里，王道士似乎觉得整个事情有点不对，他匆忙把寺庙的门锁起来往敦煌城去了。斯坦因同蒋师爷在这令人焦虑万分的一周里琢磨王道士到底想要做什么，会不会他返回以后态度就起变化。事实证明他们多虑了。显然这位矮小的道士与施主沟通后发现自己的秘密并未暴露，此外如同斯坦因所说的，"其宗教上的影响力未曾减弱"。那之后事情进展愈发顺利，斯坦因拿到更多写本，里面有之前王道士坚决不肯示人的汉语佛经。后来《西域考古记》（*On Ancient Central Asian Tracks*）出版，斯坦因提到这段插曲的时候追述："王道士归来时好像意识到我为了西方学术研究来拯救所有这些古代佛教文学和艺术文物的行为十分虔诚，不然这些东西早晚会因为地方上的漠不关心而遭到损失。"

到这里这段传奇的经历接近尾声，然而王道士还是讲了最后的条件。为了自保，王道士坚持只要斯坦因还在中国，对交易的事情就一定要保密。斯坦因十分愿意许下这样的诺言，毕竟他渴望得到更多王道士秘藏的写本。在和谐的氛围中，王道士与来访客人握手告别。斯坦因留意王道士又"恢复了那种羞怯而自满的平静神情"。诚然，英国人的小心细致令他很有信心。四个月之后，斯坦因同蒋师爷又一次到这边时，他依旧愉快地同意再拿 200 捆写本给他们。虽然这样，只要宝贵的战利品还在中国，斯坦因就没法放心。很长一段时间后他记述："大概十六个月以后，所有二十四箱写本以及五箱小心包装的绘画、绣品以及类似的艺术文物安全放置在伦敦的大英博物馆里时，我才真正舒了一口气。"他在给友人的信中得意地说这只花了纳税人 130 英镑。

然而斯坦因的第二趟探险远没完结。尽管到目前，他早已有很大的斩获：米兰美丽的壁画；万里长城向西延伸的一部分；如今在千佛洞又买到大量古物。对大部分考古学家来说，这些已经十分令人满足了。可是斯坦因仍然没有懈怠。他在长城一带有更多重要工作等待完成；南山的大片地区亟待测绘；需要沿丝绸之路北道探索新的遗址，也许还得开展挖掘。这是斯坦因访问塔克拉玛干沙漠北面遗迹的第一个好机会，他特别想要看看德国对手们在吐鲁番那些受到高度赞誉的伟大遗址里面到底做了什么。最终他到了吐鲁番盆地来查看格林威德尔、冯·勒柯克和巴特斯清理的遗址时，他们使用的野蛮办法让斯坦因震惊不已。在公开出版物中，斯坦因并未指责这样的做法，但是在私人的信件里面他没有放过德国人。他跟英国的一位密友抱怨，这帮德国人"用有学问的寻宝人的方式来发掘大型寺庙，并没有用任何考古学的缜密方法进行探索。看上去极有可能有'发现'的地方也都是这么搞的……"莫蒂默·惠勒爵士（Sir Mortimer Wheeler）讲道："考古并非一种科学，而是一种宿怨。"这句话并非毫无道理。在《中国沙漠中的遗址》里面，斯坦因一边礼貌地称格林威德尔是"一位佛教艺术权威"，称冯·勒柯克是"卓越的东方学家"。另一边他就指出（明显是冲着吝啬的加尔各答说的）对手们的挖掘工作"在国家丰厚的资助下开展"，更别提德皇个人的赞助。

这些遭受损毁的遗迹，斯坦因打算放弃。但他在小阿萨古城（Kichik-hassar）找到一小群庙宇，德国人没碰这里。他从里面弄走了壁画以及装饰雕像的残片，此外还有汉文、维吾尔文和藏文写本。之后他朝西边转移至喀喇沙尔（Karashahr）。距离这个镇子西南方向大概15英里是锡克沁（Shikchin），他对这处德国人以前简单搜索过的明屋进行了最卓有成效的探访。他再次对眼前景象感到大为震惊。他写信给友人讲道："他们扔下的遗迹多么让人心痛啊，精美的灰泥雕像的残片丢在外面，有的扔到垃圾堆里；难以运走的大型造像暴露在外，遭受风吹日晒和路人的肆意损毁。我难以想象他们为何要用如此不足的人手来此地开展挖掘,为什么又这么冷漠,对剩下的古物不管不问。"接下来他谈到自己,自认是品德高尚之人,在被他称作"真正的沙漠"进行挖掘工作期间,尽管物理上的困难比这里大得多,但是之后还是会花时间和人力收拾现场。有人怀疑这处看起来像是"肇事逃逸现场"(借用斯坦因传记作家珍妮特·米尔斯基的说法)的遗迹事实上或许是打杂的巴特斯独自劫掠时留下的。虽然如此,斯坦因依旧收获颇丰,他带着十箱沉甸甸的古物满意地走了。

这一处石窟群被称为"明屋"(Ming-oi,"千间屋"),这样的称呼容易导致混乱,因为这里只是考古学家在沙漠附近挖掘的几处"明屋"之一。冯·勒柯克解释说压根不存在叫"明屋"的地方,突厥语中的"明屋"一词要和离得最近的有人居住的地点连在一起使用,比如克孜尔明屋、库木吐喇明屋、舒尔楚克(Shorchuk)明屋,等等。没有人能在中国新疆的地图上找到一个叫"明屋"的地方,尽管大英博物馆似乎仍然确信存在这样一个地方。

斯坦因两年半的远行,尽管到目前尚未结束,但没有功夫逐一来谈。我们在这里仅说最为重要的几件事。一件是他大胆地往南穿越塔克拉玛干沙漠,这比反向穿越要艰难很多。赫定当年穿越塔克拉玛干沙漠时,最初是顺着朝北流的克里雅河走,这样可以解决进入沙漠以后的用水难题。他知道之后只要一直往北走,早晚会遇到往东流的塔里木河。然而,若想成功由北向南越过大漠,必须刚好抵达克里雅河口,这种沙漠旅行中的导航技巧需要极其精确才行。在穿越的最后几天,他简直度日如年，必须严格控制用水。这趟探险之后又发生了两件个人的灾难。第一件是他忠实的印度助理之一拉姆·辛格突然得了青光眼，一只眼睛剧痛而且失明。斯坦因在和阗打包搜集到的物品时，派拉姆·辛格去米兰拍照并弄走更多的壁画，尽管一只眼睛已经看不到，拉姆·辛格仍坚强地忍着剧痛进行工作。之后他彻底失明时，才表示不行了，被人带到惊恐的斯坦因那边。虽然他完全看不见了，但是为了不破坏种姓制度，仍然坚持自己做饭，直到到了和阗，斯坦因雇了一位印度厨子给他为止。拉姆·辛格再没能恢复视力。在斯坦因施压之下，最终印度政府奖励了他一笔特别养老金，但是不到四个月拉姆·辛格就去世了。

如今不幸的事情该轮到斯坦因了。有一回他在华氏零下16度时在昆仑山高处测绘冰川，忽然觉得双脚完全失去了知觉，很快又剧痛，他明白这是冻伤。他的医学手册建议他用雪摩擦患处进行应急处理。他知道假如这个办法不能恢复血液循环的话，会产生坏疽，到时候不得不接受外科手术。用雪治疗的方法在左脚起了效果，但是右脚没有起色。斯坦因意识到自己有生命危险，马上暂停测量，骑上牦牛，然后是骆驼，最后坐上两匹矮马之间扛着的临时赶制的担架匆匆赶去拉达克。历经几日在山间的痛苦跋涉，他最终到达列城，在那儿摩拉维亚教会医生把他右脚的脚趾切掉了。此刻他对自己的未来感到无比焦虑。对他而言，身体上的疼痛并非大事，他顽强的意志力众所周知。但手术挽救了他的脚吗？还是意味着探险事业告终？最初他的伤口没法愈合，过了惴惴不安的好几周之后，斯坦因得知手术十分及时，这让他松了口气。

不管疼痛还是忧虑，他付出了极大的代价。然而，对于他的凯旋而言付出的这些代价不算太大。英国国王授予他三等印度帝国勋章（两年之后提为爵级司令勋章）；皇家地理学会为他颁发金奖章；牛津大学还有剑桥大学授予名誉博士学位；德国（当然不清楚他批评冯·勒柯克的言辞）提供一笔巨款以示祝贺。斯坦因在布达佩斯被捧为立功的好儿女。另外让他更为高兴的是智斗王道士的蒋师爷也收获了奖赏，正是他协助斯坦因从敦煌密室里面取得大量古物。蒋师爷如愿以偿当上英国领事馆在喀什的中文秘书。

就算到现在，斯坦因的工作仍然没有完结。他不但需要招募有合适资格的研究者围绕他挖掘的以及从王道士那里购买的上千卷写本和书籍（这些东西中包括六七种不同的语言）展开工作，还需要寻找修复古物的人清理从千佛洞获得的上百件幡旗和唐代绘画。很快18位国际著名专家——包括赫恩勒、沙畹和翟林奈（Lionel Giles），开始对敦煌的文学瑰宝展开了翻译以及鉴定工作。斯坦因最优先的事情包括在搜集到的物品中精选最棒的古物筹备一场在大英博物馆的展览；协助在他那些布鲁姆伯利（Bloomsbury）以及加尔各答的赞助人之间分赃；最后是动笔写作两卷本的《中国沙漠中的遗址》，讲述跟这回探险相关的经历。

虽然在三次探险期间（第三回仍有待进行）斯坦因从中国搬走大批其他艺术瑰宝，但是他的名字永远不可能与敦煌藏经室分开。究其原因大概有两点。第一点显而易见，是由于古物的性质惹人关注——人们向来将这次发现与死海古卷相比，后者也是在石窟里面找到的。第二点是斯坦因得到这些古书的方法很有争议，他就像埃尔金爵士一样永远面临指摘。可能由于这个原因，也迫使大英博物馆忍痛抹除关于他的记忆。斯坦因与其他考古英雄不同，比如莱亚德（Layard）和拉萨姆（Rassam），他们的付出得到认可。为此在中亚艺术品展览厅里面，访客无法看到斯坦因的肖像，哪怕是简略的介绍也没有，现在那里展示的也仅仅是他发现的文物中很小的一部分。

姑且不谈斯坦因取得敦煌写本的对错，伟大藏经室里面最出彩的物品依旧值得我们去看一看。里面最著名的非《金刚经》莫属。它的名声跟经文本身丝毫没有关系。毕竟这个佛教经典的版本数不胜数（仅斯坦因在敦煌得到的就有500多种，或完好或残缺）。然而，斯坦因收获的这本是已知最早的印刷书籍，是1000多年之前雕版印制的。对此1961年北京国家图书馆出版的一部关于中国印刷史的著作描述道："敦煌发现的公元868年即唐咸通九年王玠出资雕刻的卷子本金刚经，是现存最早的木刻印书，用纸七张缀合成卷，第一张扉画释迦牟尼佛说法图，刀法遒美，神态肃穆，是一幅接近成熟期的作品。"作者补充道："这卷举世闻名的唐刻本，已于50多年前为英人斯坦因盗去，这是令人切齿痛恨的。"[①] 如今它在大英博物馆展出，距西方最出

---

① 原文无出处，且作者并不准确。应为北京图书馆编，《中国版刻图录》，北京：文物出版社，1961。引文部分应为赵万里所做序言，英文与原文有出入，此处从原文。

名的书籍《古腾堡圣经》仅有几步之遥。这一敦煌卷本大概 16 英尺长，上面不仅注明了日期——868 年 5 月 11 日，还有委印人以及发行者的姓名。这个人并非人们所说的已知世界上最早的印刷商，而是已知最早的出版商。

在王道士密室里面找到的大量中文卷本里面，完好无损的大概 7000 本，还有 6000 份残卷。编目（仅仅计算完好的那些）花了半个多世纪。翟林奈博士进行这项艰难的工作，在专题论文《敦煌 600 年》(Six Centuries at Tunhuang)里面他算出自己要涉猎大概 10～20 英里长密密麻麻的卷本。因为斯坦因不会汉语，蒋师爷又不懂佛教文学，所以他们搬走的典籍里面不少是重复的。比如《莲花经》的副本或残页有 1000 多本，里面大多数被公认为古时书法的精品。虽然如此，写本里面不仅包括消失已久的经文和现存经文的各种变体，还包含不少用西方学者已知或未知文字书写的全新事物。

这卷帙浩繁的书库当中众多有趣的东西里有一份是 1000 年之前的汉语道歉信"模板"，是醉酒的客人写给主人的。翟林奈翻译的大意是："昨天喝了太多的酒，我忘乎所以了，但是我口出狂言完全是无意的。第二天听人说到此事，我才意识到发生了什么。我整个人很混乱，无地自容……"信里补充道作者很快会因自己的过错前来道歉。文书中还给被激怒的主人拟出了一份恰当的回复。翟林奈翻译的大意是："昨日，先生贪杯，大大逾越了礼制，有违君子的称呼。以至于我不愿同你再打交道。但是由于你现在表现出羞耻及歉意，我提议我们再见面友好地

谈谈……"（翟林奈还找到一份足球赛的邀请函，那时的足球还被称作蹴鞠）

另外一位著名的英国东方学者阿瑟·韦利（Arthur Waley）将千佛洞搜集到的26首中国民歌和民间故事编辑成册，题为《敦煌民歌故事选》(*Ballads and Stories from Tun-huang*)。尽管他很乐意利用斯坦因盗走的写本，同时他又表达了对偷书行为的否定，觉得这跟"抢掠敦煌藏经室"没有差别。他深入解释了为什么中国人对于"代表大英博物馆以及印度政府"的斯坦因把写本转移到欧洲如此气愤。他指出："要想真切了解他们对待这个问题的感情，我想最好的办法就是设身处地。如果一位中国考古学家到了英国，找到废弃修道院里面藏着中世纪文书的密室，贿赂守卫，将那些珍宝搬去北京，那个时候我们会怎么想。"然而韦利忽略了一件事，即这些东西如果还在王道士"那位老骗子"那里，最终会怎样。

但是敦煌的故事还没有结束。不管怎么样，除了斯坦因的花言巧语，王道士还要面对其他考验。接下来步英国人后尘的是更难对付的法国人伯希和。

第十三章

伯希和：温和的树敌艺术

虽然法国人在亚洲大陆有一小块殖民地（他们甚至有一所位于河内的考古机构），但是他们很晚才开始参与中亚的寻宝行动，尽管算不上最后一名。1906年8月伯希和来到中国新疆时，英国人、瑞典人、德国人还有日本人都来过至少一趟了；俄国人毕里索夫斯基兄弟的任务快结束了；斯坦因则回到这里，还想着劫掠更多。法国人在丝绸之路上迟到的原因恐怕是不久前在印度支那的丛林中找到曾经繁华一时的文明——其中包括壮观的柬埔寨吴哥窟。他们的东方学研究者在那边忙着搜寻和发掘，无暇顾及别的事情。不论为何来迟，总之法国人现在决定也要分一杯羹。法国知名的东方学专家西尔万·列维（Sylvain Levi）鼓励同行："倘若法国无动于衷，那会有违历来的光荣传统。"东方学家中的另一位领军人物、法兰西学院院士埃米尔·塞纳尔（Emile Senart）牵头组建了强大的委员会，并获得教育部部长的大力支持。委员会获得至少九所专攻科学、地理还有文化的研究机构的援助。他们计划迅速派出一支三人的探险小队到中国新疆去。带领这支队伍的是27岁的伯希和，一位才学出众的年轻汉学家。他以前是列维的学生，现在是河内有名的法国远东学院（后来卷进争议当中）的一员。他的搭档是他的老友，军医官路易·瓦扬博士（Louis Vaillant），负责地图测绘、采集自然标本和其他科学工作；还有一位是摄影师夏尔·努埃特（Charles Nouette）。

伯希和熟悉大概13种语言，但他不仅仅是一名颇有天赋的语言学家——他这么年轻就在1900年夏天北京外国公使馆遭遇围困时获得了荣誉军团勋章。当时21岁的他负责给法国远东学院图书馆搜集中国书籍，正好陷在义和团起义当中，其间他立功两次，然而这两次立功毁誉参半。一次是在两名水手的帮助下勇敢夺下义和团的一面大旗，这个举动大大激怒了对方。在他之后出版的有关被围困的日记中，就有他举着旗子的得意照片。还有一次是在暂时停火期，他攀爬到路障上面，扬言要与叛乱者一块喝茶。被困的欧洲人对他的人身安危和他的装模作样议论了好几个小时。结果人们见到他成功回来，同敌人作别的时候十分热忱，而且带回了一些水果作为礼物。他说自己告诉敌人欧洲人气势高涨，但唯独缺些新鲜水果。

大部分伯希和的日记都草草写于战火之中，显示出这个勇敢但愣头青的年轻人总是出现在战斗第一线。他激烈批评很多老资历的外交人员，暗指他们懦弱且不称职。因此，怪不得这些人里有的觉得他傲慢无礼（即使很欣赏作为一个学者的伯希和的斯坦因，一些年以后也评价他"非常以自我为中心"）。然而一位法国官员的观点却不一样，他写下："志愿者里面年纪最小的伯希和受到所有人的尊敬。由于他年轻英勇，我们可以原谅他偶尔丧失自控力。"不论是喜欢他的人或是被他冒犯的人，似乎都难以忽视他。他回到河内时还只有 22 岁，就担任了法国远东学院汉语教授。与此同时他开始在学术期刊或校刊上面发表对别的汉学家著作的评论——往往十分犀利。他曾称其为"温和的树敌艺术"。或许这就是为什么大概九年以后他从中亚探险中凯旋时却发现自己成为众矢之的。

如今他们完成了准备工作。1906 年 6 月 17 日，伯希和同两名搭档从巴黎动身，搭乘火车经过莫斯科去往塔什干。为了等待沉重的行李，他们在那边待了两个月。这期间伯希和抓紧功夫练习俄语，同时，正如我们所知的，也学习突厥语（那时一些学者也称其为东突厥语）。因为在语言方面他颇有天赋，记性极好，不久他便可以轻松使用突厥语来进行交谈。他的超群记忆力令人不可思议，这导致后来有些人并不相信他，抹黑并质疑他的功绩。最终在 8 月最末一天，他的探险队抵达喀什。他们在那边住在俄国总领事馆里面，成为彼得罗夫斯基后继者的客人。与此同时，他们对地方官员进行外交访问和其他官方拜访，他们需要这些官员的关照与支持。然而这引发了一些震动。

由于途经喀什的西方旅人能够讲中文的极少（而且显然伯希和的对手里面无人会讲中文），很久之后瓦扬博士追述："这些高级官员们听到伯希和能讲流畅高雅的中文，可以引经据典，毫不费力地诵读客厅里面的对联，无不感到震惊。"总之如博士所述，伯希和熟知"文明古国引以为傲又优雅考究的源远流长的礼仪"，给他们留下了很深的印象。尽管这些听上去很像是以前爬到路障上头的那个年轻英雄再次向当地人进行卖弄，然而就像瓦扬说的，不久就产生了回报。最初他们计划携带一个圆顶帐篷。伯希和让喀什的官员想办法为他们弄一个。瓦扬回忆道："我们跟俄国领事说起这件事情时，对方竟大笑起来。"他笃定地跟三位法国人说："压根搞不到帐篷，就算搞得到，起码也得花上六个月。"一周以后帐篷竟然送到，这让俄国人大为惊讶。瓦扬继续讲："伯希和随即让我们将帐篷立在领事馆的院子里面住进去。"

他们打算前往东面的库车，在那边开展一阵子挖掘工作。路上会途经吐木休克，赫定报告在这里曾发现若干遗迹，然而他觉得那些是不很古老的穆斯林遗迹，没有价值。在喀什准备了六周后，三位法国人开始他们的第一段行程。在距离吐木休克很近的地方，他们意外遇到很有意思的一件事。当时他们在法扎巴德（Faizabad）的下级地方官那里逗留吃午饭。他们向地方长官表达了敬意，并为他们没法接待回访深表歉意，之后他们返回小旅店，打算赶在动身以前匆匆吃顿饭。瓦扬讲述了这个故事："我们刚返回小旅店，突然听到炮声响了三下。这说明地方官从衙门出来了。"眨眼的工夫,他们雇的姓丁的随从大喊:"官爷驾到!"这令法国人一时手足无措。紧接着瓦扬讲:"我们事先一点都没做好有人来访的准备。伯希和满含歉意地招呼了他,邀请他前往客厅坐一坐。相互寒暄罢了,我们全部就座,试图掩饰自己的焦虑。此刻我们看到有人端来茶水、切好的蜜瓜,还有点心。"吃完饭后,官员起身满脸堆笑,告诉伯希和:"欧洲人果然对旅行很在行。风尘仆仆长途跋涉期间还能组织起这样的接待,我对你们的体贴周到感到很荣幸。"他离开以后,伯希和马上赞赏丁,表扬他应对得宜。丁回应道:"我什么也没干,那些全是衙门里面的仆人带过来的……"

吐木休克远不是穆斯林遗迹,事实证明是一处早期佛教寺庙城镇,其兴盛期至少持续到800年。伯希和在此短暂停留期间纯凭偶然才发现了这一点。他用马鞭杆随意在地上挖了挖,竟然挖出一小件如假包换的希腊化风格佛像,这令他十分诧异。尽管那个时候他们的行李还有冬天的衣物已经在运往库车的路上,然而伯希和觉得必须留下开展进一步的发掘。六周过后,他们冻得全身发麻,带着彩色造像还有其他的发现急忙赶往库车——赶往他们温暖的冬衣。他们失望地听说不仅德国人,还有俄国人和日本人,已经早他们一步来到了这个考古价值巨大的地方。他们如果找到竞争对手忽略的寺庙,尚且能够进行大量发掘。对伯希和而言,最重要的是找到了大量佛教文书,其中很多用未知文字写成。之后部分经过西尔万·列维的解读,证明为失传的早期库车文。

法国探险队在库车工作的八个月里面收获颇丰，之后他们去往乌鲁木齐进行补给，以便穿越沙漠向敦煌前进。那个时候他们还不曾听说斯坦因六个月以前已经有了重大发现。他们仅仅打算在那边进行拍摄，并研究千佛洞的壁画和造像。

他们待在乌鲁木齐那会儿，伯希和碰到个他在北京时候的老友，或者说老对头，辅国公载澜。他是义和团运动领导人的兄弟，本身也跟运动有深切的关联，为此在义和团失败后被终身流放乌鲁木齐。他后半辈子都在这儿致力于摄影。伯希和记述："1900年那时我们势不两立，然而时光能带走一切。我们喝了很多酒，建立起了新的友谊。"最终他们告别的时候，这位辅国公对伯希和悲伤地说："你要走了，然而我不得不待在这里。"伯希和克制住自己不去回忆七年之前这位辅国公担任北京警察首领时候的事，当年"我们只要求他放我们走，他却迫使我们留下"。

实际上，尽管这位辅国公也许未意识到，正是他的慷慨让伯希和愈发着急从乌鲁木齐动身去敦煌。他们在乌鲁木齐期间已经对千佛洞发现藏经密室的传言有所耳闻。被流放的辅国公给他看一份据说是敦煌那边的写本，伯希和顿时意识到密室的事不是市井流言那么简单，瓦扬回忆道："伯希和刚翻开经卷，一下便知道这是8世纪之前的。"

跟斯坦因的经历如出一辙，三名法国人抵达敦煌千佛洞的时候，写本的大门上了锁，王道士也不在。然而他们很快在镇上找到了这位道士。他绝对被伯希和流利的汉语迷住了，当即

第十三章 伯希和：温和的树敌艺术

决定准许他们看一下他发现的东西。考虑到斯坦因与蒋师爷在拿到写本以前费尽周折，伯希和如此轻而易举不免让人有些吃惊，事实上他的敌人觉得难以相信。就像之前王道士再三嘱咐斯坦因还有蒋师爷那样，他最担心的还是事情败露。现在，由于这个欧洲来的新访客压根未谈及斯坦因（伯希和还没意识到他的对手早就抢先进入密室了），王道士觉得英国人信守诺言了。看到这帮"洋鬼子"都死守这个秘密，这肯定令他很安心。何况他早已用斯坦因的"布施"开展了他那花哨的修复工作，现在无疑他又要寻求另外一笔新布施了。

然而伯希和同样在等候机会。他在一封1908年3月26日写于敦煌的信中提道："王道士很晚返回，还声称钥匙落在敦煌城了。我只好再等等。"恰在此刻伯希和大为失望地获悉斯坦因早就到访过这间密室，但斯坦因仅仅待了三天而已，这又让他放心了。假使他得知斯坦因实际在这边耗费的时间，或许对自己的前景就不会那么乐观了。他担心的是，藏经室被发现八年之久，里面不少东西可能早已不可避免地不见踪影，事实也的确如此。无论如何，辅国公载澜在相距400英里的乌鲁木齐拿给他看的写本不太可能是从石窟中流落在外的唯一东西。

最终钥匙从敦煌拿了回来。在抵达这边的石窟群近一个月后，伯希和终于获准进入密室。他写道："我呆住了。"他粗略地计算，窟里面的写本大概有1.5万～2万件。他意识到，倘若把每本都翻开认真检查一下，起码要耗费6个月的工夫。然而他马上打定主意。他写道："就算是草率浏览，也务必检查一遍整间藏书室。我至少要翻看每一份，了解其内容，看看是否有新东西。"他打算分为两组，一组是精品，不惜一切代价也要搞到；另外一组想要，但并非一定要到手。

靠着仅仅一枝微弱的烛光，蹲在一块不舒服的逼仄空地里，伯希和度过了漫长而可怕的三周，挑选落灰的一卷卷写本，这块空地其实就是斯坦因运走大量文书之后腾出来的地方（伯希和当时并没有意识到这一点）。位于巴黎的吉美博物馆伯希和展室里面，有一张努埃特帮他在密室照的有纪念意义的工作相片。从中能够看出，他蹲伏着，身后是紧紧堆积成山的一捆捆写本。伯希和给巴黎的塞纳尔的一封长信中提道："开始的十天里面，我每天大概得阅览一千卷写本。这肯定是一项纪录了……"他或多或少有些炫耀地把自己比作赛车一般的语言学家。他的批评者很高兴能将这个比喻作为口实来攻击他。

伯希和在洞窟里面每度过一大段时间，便要跟两位搭档聚聚。几年以后，瓦扬追述："外衣里面全塞着他最感兴趣的发现……喜悦溢于言表。某天夜里他带了一本景教圣约翰福音给我们看；还有一回是可以追溯到800年的手稿，讲述一个在敦煌南边高高的沙丘上面的神秘的小湖；另外有一回是关于寺庙账目的。"伯希和清楚自己没办法让王道士将所有藏品转手，毕竟找到藏经室这件事在当地众所周知。瓦扬解释说："来这边朝圣的蒙古人和西藏人会来诵读部分珍贵的文书，作为朝拜的一部分。"然而，伯希和最大的担忧是遗漏或没能辨认出任何一本关键文书。他记述："我认为我没有漏看任何关键的东西。我不仅看了每个写本，甚至看了每一张纸片——天晓得总共有多少残片……"

如今最紧张的时刻到了，伯希和必须说服小道士把挑选出的两堆写本卖给自己。俩人的谈判在秘密的情况下进行。瓦扬回忆道："我们被迫对藏经室高度保密，在私人信件当中也得保密。"最终花了500两白银（大概90英镑）完成交易，这些宝藏被小心谨慎地打包以便通过船运转移到法国。瓦扬写道："直到努埃特将满载我们精选物件的箱子带上轮船出发，伯希和才公开谈论，还带了一箱子写本样品去北京。"他继续讲："对中国学者而言，这件事出其不意。他们甚至不敢相信有如此重大发现。"结果北京方面马上发电报给敦煌当地的官员，下令封锁窟里面剩下的东西，禁止再往外转移。瓦扬略带嘲讽地讲道："想必这名单纯的道士不好过了，后悔收了伯希和的钱财。"

虽然拿到敦煌写本是伯希和个人的大获全胜——先不用管其他人怎么看待如此不道德的事情，但是差不多在四个月里面，他的两位搭档也并非闲来无事。但凡伯希和觉得有价值的物品，努埃特均对其拍照，黑白照片足有数百张，之后出版了六卷本。尽管伯希和没有费工夫去撰写相关的说明，但是这六卷本相片资料如今依旧是关于那些壁画和造像的主要信息源，主要是因为仅仅几年以后，被关在洞里的白俄士兵就对这里进行了破坏。

1909年10月24日伯希和终于回到巴黎时，他已经离开三年了。人们欢呼英雄归来的同时，他发觉有麻烦了。后面还发展成恶性运动。攻击对象除了他本身，还波及沙畹教授与河内的远东学院。在敦煌他第一次见到那些古物时欣喜至极，随即给塞纳尔写了一封长信，生动描绘了当时的情景。这封信在他离开的这段时间里发表在远东学院（他的正式工作单位仍是这里）一份拥有很多读者的刊物上面。倘若他事先知道对手要把这信件当作攻击他的黑料，或许他会换个写法，并且他几乎肯定会删去那些坦率却偶尔肆无忌惮的论调。我们之前已经谈过伯希和那股知识分子的傲气（一些人也发现了），这导致他在学界树敌颇多。他给塞纳尔写的信件刚好成为绝佳的把柄。

  这场运动也牵涉沙畹和远东学院，这并非我们关心的部分。然而这件事情让人们对沙畹的学术能力以及这个著名学校所有职员的业务水平产生了怀疑。起先这场运动仅仅在暗中进行，但很快就在报纸还有期刊上面传播，特别是跟印度支那相关的刊物。伯希和的过错集中在两方面：一方面，他作为远东学院的一名汉语教授，和这里的其他员工一样，被一般性地指责为有精英主义立场；更严重的是，他们另一方面还不得不依赖地方译员协助出版作品。不过除此之外，作为获得高度成功的中国新疆探险队领队的伯希和发现自己受到了额外的"关照"。归根结底就是如此年轻的人大获胜利，不可避免地致使一些其他法国东方学家嫉妒他。那些人可能认为当初应该选自己当领队。

  他的几个主要抨击者里有一位资深的图书馆管理员，在巴黎国家图书馆东方部工作，伯希和将敦煌写本保存在这个部门的一间屋子当中，只有他自己有钥匙。这位管理员觉得这明摆着是不让自己进去，无疑感到非常气愤（想来也情有可原），为此他给法国报纸写了一封尖酸刻薄的信，不仅质疑伯希和写本的真实性，还质疑了这位青年学者作为汉学家的能力。这名图书管理员为了维护作为图书馆东方写本（锁在屋子当中的那些自然也是其中的一部分）保护员的个人名誉，宣称不再对伯希和在敦煌购买的东西负任何责任。与此同时，探险队带回来的其他艺术品（画作、造像、丝织物、木雕以及赤陶）正在卢浮宫的一个特别命名为伯希和厅的地方公开展示。这也遭到了他的攻击者的贬损。有人写下："这不免让人们疑惑，哪怕卢浮宫的这间展室再小，也不该展览这么少的东西。"

1910年12月，这场被一位法国学者称为"恶毒运动"的活动达到了顶峰，一份名为《土著评论》（*La Revue Indigène*）的反殖民主义期刊对伯希和、沙畹以及远东学院进行了特别恶毒的攻击。其中的一篇多达23页的假意奉迎又冷嘲热讽的文章扬言要剖析伯希和的"丑事"。作者费尔南德·法捷耐尔（M. Fernand Farjenel）是个中国通，自己也会说汉语，他先攻击沙畹，声称他翻译的东西"就算不是每个单词都不准确，也至少是每一行都有错"。当然他的主要目标还是伯希和。他批评这位"年轻的冒险家"浪费公款，在"闲逛"了两年以后丝毫没获得有意义的事物。他暗示伯希和抵达敦煌时急于为自己的任务正名，所以大大损害了他重要的判断力。

为了论证这一观点，法捷耐尔引用伯希和给塞纳尔的信，在信中，伯希和承认进入王道士的密室时因眼前所见而"呆住了"。法捷耐尔指出正是因为他"呆"了，才会"丝毫没有怀疑地相信了"道士蒙人的瞎话。显然他根本没意识到斯坦因不久之前刚从屋里转移走"29箱写本还有画作"。法捷耐尔议论"没准这里早就搬空了"。可是伯希和"则得意扬扬以为自己找到了无价珍宝，丝毫没有防备，完全没有核实道士说的话是真是假"。显然法捷耐尔的结论是，地方上的人了解到欧洲人乐于收购这样的物件，因此将伪造的没有价值的写本又填满洞窟。他提醒读者记住远东那边有不少机智的骗子。斯坦因拆穿的阿克洪就是一个例子。自称一日之内要翻阅数千卷写本的学者（根据法捷耐尔测算，相当于一分钟看两本）是这类造假者的天然受害人。实际上目前这些写本依旧锁在屋里不准其他东方学研究者接触，这只能徒增他人的疑虑。探险队"花掉大量资金"，为此他要求伯希和马上对抨击他的那些人做出交代。然而伯希和没有回应。他相信批评他的人们早晚要收回先前所说的话。

诚然法国民众难辨谁对谁错。假使斯坦因那会儿把密室搬空，那么后来那些写本又是哪儿来的呢？不管怎样，为何将写本锁在图书馆的屋里，一整年都不准其他研究者看？直到1912年斯坦因《中国沙漠中的遗址》出版，人们对伯希和的批评才最终消失。倘若法捷耐尔信心满满大放厥词之前阅读了这本著作，想必他会三思而后行。斯坦因一开始便清楚地指出，那会儿他仅能收购敦煌藏经室里面很少的一部分，"大批写本"依旧放在那边。而且王道士不准他随便挑，这跟伯希和不一样。他见到的很有限，也就是王道士拿给他的那些。此外，斯坦因和"大大受益于对汉语文学和文献学的卓越掌握"的伯希和不同，他因不懂中文而严重受限。斯坦因得知这场运动意在破坏他那年轻的法国同行的名声，于是他挺身而出赞扬伯希和出色的才学，还表现出了对他的挖掘方法的钦佩，后者的证据是斯坦因在库车亲眼所见的。

尽管这场旨在破坏伯希和名声的学界运动最终完全失败，不过攻击伯希和的那帮人是否真相信他们强加的那些罪状？还是试图要将这个他们明显厌恶，而且可能还嫉妒的人打压下去？70多年过去了，如今所有的见证者早就不在世，这个事情没法说清了。或许瓦扬当时的评论提供了答案。他在远行途中讲道："伯希和记录的简短文字以及评论寄到法国之后，其内容的准确详细令接收者没有不吃惊的。他们不可思议的是在距离图书馆那么远的荒野，他是怎么想起特定的论据还有原文的……超凡的记忆力让他不需要任何参考材料。"其他人也印证了这点，"伯希和阅读一本书之后，所有东西都存在这里"，一位同事指了指额头这样说道。

实际上，对手不相信他有这般聪慧，才害他蒙冤。当了解其实他的确这样聪明的时候（可是已经晚了），他们仅仅是轻易以为他是个吹牛大王。一定程度上讲，伯希和同样需要反省。跟很多其他考古学家一样，他不肯坐下来将他的材料进行枯燥的分类以及发表工作。正如我们所见，抨击他的人摆出了一个事实，那就是这些写本运回国家图书馆之后，在打包箱里面足足待了一年，伯希和压根不去编目。这使得攻击他的人可以宣称他肯定有所隐瞒——没准他已经惊骇万分地发现从敦煌买回来的东西全是假货。

这并非是他唯一一次卷进纠纷,但却是我们唯一关心的一次。伯希和作为法国一流的汉学家,还有辉煌的职业生涯要展开。他没有返回中亚再开展挖掘。我们重点讲述的四个人里面,他是唯一一位不曾返回去搜寻更多东西的人。然而这并非是因为他对此不感冒。第一次世界大战当中,时任北京法国军事专员的伯希和告诉美国考古学家兰登·华尔纳,"手里有几个新遗迹",但没有钱去搞。待资金到位,他却来不及了,那个时候中国人已经将西方的考古学家拒之门外。

第十四章

丝绸之路上的间谍

1908年秋天，在伯希和开始把宝贝从中国新疆往法国运的时候，位于印度西姆拉的英国情报头目开始对丝绸之路上的两名日本年轻考古学家感兴趣。尽管这两名日本人自己并不知情，但他们从北京一到新疆就不断有人跟踪。他们好像小说《基姆》里一样，一年多的时间里总有穆斯林商人、当地仆人以及其他印度政府雇的人跟踪。他们由一处绿洲行进到下一处，偶尔一块旅行，大多时候两人相隔上百英里。在此期间，有关他们行踪的报告定期通过英国驻喀什领事马继业在英国休假期间暂时代理领事馆事务的沙特尔沃思上尉（A. R. B. Shuttleworth）收集汇总。之后让递送官方邮件的信使穿过喀喇昆仑山口送给时任英国驻克什米尔代表荣赫鹏，再转交西姆拉。

表面上，这两位来自京都大谷光瑞伯爵的寺院的学僧是到中国新疆探寻这里的佛教历史的。大谷是净土真宗的精神领袖，这是一个庞大且很有影响力的日本佛教派系，源头可以追溯到中国新疆。的确，这并非大谷首次派人来此考察。早在1902年，大谷伯爵得知斯坦因第一次远征的发现后，就派遣两名僧人前往塔克拉玛干沙漠周围的一些遗迹大肆发掘，他们把佛经、壁画还有造像的残片放在柳条筐里带回国。然而别的中亚学者压根不清楚他们去过什么地方，更别提西姆拉的情报人员。首先这是因为日本人不曾公开他们的进展或发现。其次是这发生在1905年日俄战争之前。经过这场战争，列强才一夜之间意识到日本是亚洲新势力，对任何一个在这个地区有着政治与经济利益的国家而言，日本都是潜在的威胁。因此，对于1902年到1910年大谷伯爵三次派人到中国新疆进行的考古探险中的第一次，只有极少数人注意到了，而且仅仅是注意到了表面意义，觉得只是佛教僧人在虔诚又怪异地探寻自己宗教的起源。事实上，最早发现克孜尔艺术珍宝的正是他们，然而他们因为地震而被迫逃走，丢下了记录与照片。这让两年以后的冯·勒柯克与格林威德尔成为向世人公布此地宝藏的第一拨人。

1908年大谷第二次探险队出现时则遭遇了旁人完全不同的眼光。假使英国人怀疑他们有考古之外的目的（众所周知，开展间谍工作会拿考古作掩护），那么仍为自己栽在日本人手里而耿耿于怀的俄国人则更加坚信这一点了。在喀什与沙特尔沃思上尉从事一样任务的俄国人向他保证，两名日本人之一的橘瑞超其实是海军军官，另外一位野村荣三郎是陆军军官。然而他们除了发掘古老遗迹以及转移大批古物，究竟来做什么？这一疑问令英属印度的情报人员伤透脑筋，俄国人那边的情报机构无疑也是如此。

1908年10月两人从北京走陆路抵达乌鲁木齐，待了两周又动身去往吐鲁番。他们在这一地带的一系列遗迹里发掘了两个多月，其中有哈拉和卓。之后他们继续向西，抵达库尔勒与喀喇沙尔。他们在这里分头行动。橘瑞超动身去罗布泊，最初在楼兰和查克里克周边的遗迹挖掘，再顺着丝绸之路南道往西走，在尼雅、克里雅还有和阗挖掘。与此同时野村在库车发掘了近两个月，随后沿着古代商旅的北道一直朝西行进，最终抵达喀什，等待橘瑞超。根据1971年东京国立博物馆出版的《大谷考察团带回的中亚文物》(*Central Asian Objects brought back by the Otani Mission*)中对这次探险的简述，两名日本考古学家在路上分开了五个月，于1909年7月7日再次会合。由沙特尔沃思上尉获取的资料表明两人碰头的时间比这个日期迟了足足一周（除非矮小的橘瑞超偷偷来到镇上，没让英国人察觉）。

马继业在每个重要的居民点都组织起"白胡子"情报网络，这使得针对日本人的长达几周、覆盖几百英里的监视工作变得容易了一些。"白胡子"通常是每个主要绿洲中做买卖的年长印度商人（因此也就是英国的人）。他们表面上的工作是确保侨民的生活福利以及品行良好，也协助任何可能经过他们领地的英国游人。然而就像沙特尔沃思的密报里面揭示的（现存于印度事务部图书馆所谓"政治和秘密"档案里），他们偶尔也会参与"大博弈"。

例如1909年6月12日，沙特尔沃思收到他在和阗的人，巴德鲁丁·汗（Badruddin Khan）的来信。这封信22天之前寄出，里面包括如下讯息："一名日本旅人抵达克里雅，跟着的有一位中国人，还有一个库车穆斯林翻译。他的生活方式是欧洲人的样子，会讲中国话。斯坦因博士到访的全部地点，他都参观了一番。他还考察了不少市镇废墟。克里雅办事大臣安排斯坦因曾经的导游伊布拉欣过来提供服务。办事大臣嘱咐我将自己的房子准备好，倘若他到来就在这儿招待他。如果他去和阗，我会向你报告他的动向，告诉你他在镇上做了哪些事情。"由此看来，中国人丝毫不起疑，觉得橘瑞超与野村荣三郎就跟从前的斯坦因还有别人一样，大抵是四处周游的研究者。那么为何英国人（以及俄国人）非但不这么想，反倒要求沙特尔沃思跟踪他们呢？

"政治和秘密"档案给出了解答。关于两名日本人行动的报告递交给在伦敦的印度事务大臣莫利勋爵（Lord Morley），从中我们可以找到答案。根据这个文件，1908年9月加尔各答日本领事馆告知印度政府，橘瑞超是一名僧人，野村荣三郎是京都大谷伯爵佛寺的秘书。他们要从北京去中国新疆，然后去往印度"进行宗教相关考察"。文件继续指出："然而我们有很多理由怀疑他们是秘密情报人员。"因为他们跟"第三名所谓的僧人"存在联系。此人名叫"Ama"先生。英国方面很早怀疑这个"Ama"先生是日本间谍，而且已经上报给莫利大臣，此人"来历复杂，尽管声称旅行的目的是寻找佛教遗迹，然而对于有关知识可以说是才疏学浅"。1908年夏天他前往印度北部旅行，英方拒绝许可他去西藏边界的一些湖泊，他本该选一条最快的道路从列城返回斯利那加，然而"他没有这么做，而是特地绕远朝西藏那边行进"（尽管从列城去斯利那加的这段时间里面他没有可能抵达西藏边境）。撰写这个文件的人觉得奇怪的"Ama"先生与两名日本考古学家全是值得怀疑的特务，除此之外并未夸大他们想象当中的三者之间的关联。或许英国人最初怀疑橘瑞超和野村荣三郎仅仅是因为发现他们与可疑的人有所往来，不过当他们经由荣赫鹏拿到沙特尔沃思报告的时候肯定已经有所确信了。

1909年3月10日英国人发现了第一个线索。那个时候两名日本人在中国新疆已经待了快5个月。库车"白胡子"情报网络将他们来的事情上报给沙特尔沃思，而且加了一句，尽管他们声称是过来"考察佛教遗迹"，然而与此同时他们在进行速写与勘测。实际上这些行为不能说是与考古学者不符，但沙特尔沃思以及"白胡子"情报网络都没能意识到，或许是因为他们从未看到进行挖掘工作的人。斯坦因不仅对挖掘的每处遗迹进行测量，还勘测了几千平方英里的中国新疆领土。像普热瓦利斯基这样的俄国旅行家同样做过类似的事，更别提赫定了。然而，中国新疆既是英国又是俄国的势力范围，至于赫定，一个瑞典人能有什么危害？然而日本人不仅僭越到了这一带，又开始测量，这足以让人有所警觉。

其他线索这个时候也日渐显现，加重了对橘瑞超与野村的怀疑，觉得他们不仅不是考古学家，甚至压根都不是佛教僧人。

首先是橘瑞超对待当地人的态度似乎跟俄国人讲述的更吻合，也就是说他并非如自己声称的那样是个圣僧，而是个海军军官。叶尔羌的知府埋怨道，橘瑞超打中国下人，人们都很讨厌他。沙特尔沃思的情报员发现两名日本人随身携带很多与海军、陆军相关的英文书，这可不像是圣僧该看的书，更诡异的是两人都声称不会英文。这还不算完。橘瑞超在叶尔羌费尽心机要拿到城镇地图还有别的相关材料，这引起地方知府的怀疑。他们还在喀什寄走很多笨重的邮包。沙特尔沃思猜测其中也许有地图与报告。他经手发走这些邮包，却没悄悄拆开当中一个进行检查，这也是有些稀奇。假使拆开检查，事情早就搞清楚了。

现在两名日本人在喀什会合。沙特尔沃思不仅有机会直接盯住他们，甚至能邀他们到奇尼巴格赴宴。在给荣赫鹏的报告里面他讲道："发现野村携带类似平板仪的工具在城墙周围画草图，橘瑞超对玛拉巴什（Maralbashi）到叶尔羌的道路进行速写……与此同时还有人看到他检查电线杆并且测量间距。"两名考古学家（倘若是真的）待在喀什的时候，没能真正让沙特尔沃思喜欢他们。沙特尔沃思的任务之一是转告他们，假使由印度回国，两人务必同行经过喀喇昆仑山口，不可以像他们要求的那样走别的线路。他接到加尔各答的这个命令之后汇报道："橘瑞超这个厚脸皮的家伙……非得让我怒斥了一通。"

假使他们真的和沙特尔沃思当时确信的一样是在进行间谍活动，那他们就给特务头目这个工作做了一个悲惨的广告。他们把钱用得精光，只好跟沙特尔沃思借2000两白银（大概360

英镑）的领事贷款当作返程的差旅费。沙特尔沃思拒绝，表示他们身在中国领土，应该找道台商量。此外，他们连抵押的东西都没有。由于这是借公款，他觉得没道理拿这么一大笔钱给他们。

倘若他们没有提借钱一事，兴许事情就此结束。然而这刚好给了英国政府一个遍寻不着的由头。以前下令让沙特尔沃思跟踪两人的英国情报头目此刻和沙特尔沃思一样坚定不移认为橘瑞超与野村不是单纯的考古学家，同"日本政府情报部门关系紧密"。他们报给莫利勋爵的关于这俩人的机密文件里面做出了这个结论。不过他们也承认，关于日本人对位于中国如此偏远内陆的这个地方到底有什么兴趣，他们还远不清楚。

姑且不管日本人在意何事，从"政治与秘密"档案的通信里明显能够看出英国政府绝对不允许天皇政府在如此靠近印度边界的地方随意搞间谍活动，不管这些活动有多么不专业。因此，驻东京的英国大使窦纳乐（Claude MacDonald）呈送一份公函给日本外务大臣小村伯爵，谴责橘瑞超与野村的专横行动，而且针对他们不先跟中国方面商谈而是直接管英国领事馆借钱这一点大做文章。尽管在外人看来外交活动从来都是令人困惑的，然而很难相信对这么不足挂齿的小事进行的抗议能引起外务大臣个人的注意。这看上去更像是为了警告日本情报机构离英国势力范围远一点而采取的外交策略，仅此而已。窦纳乐在照会末尾建言："阁下能否告知我橘瑞超与野村两人有没有任何官方认可的特权或头衔，这对相关人员都有好处。"小村伯爵的回答简明扼要。他并不试图为同胞的活动而道歉,和这两人撇清了关系,宣称对这俩人"不关心也不认可"。对热衷于间谍文学的读者而言,他的话听起来很耳熟——政府是不会承认那些蠢到被逮住的间谍的。对想象力没那么丰富的人而言,回信看上去只是表达一位很忙的外务大臣对大使用这种无足轻重的抗议来打搅他表示奚落。

假使橘瑞超与野村当真是间谍,他们也不是那段时间活跃在丝绸之路上的唯一间谍。如果说同时充当间谍与猎宝人,他们同样并非唯一。还有一个这样的人,他多年之后会扬名天下,这就是卡尔·古斯塔夫·曼纳海姆男爵(Baron Carl Gustav Mannerheim)。他那个时候效力于沙皇军队,在日俄战争当中立下功劳,刚升为陆军上校。曼纳海姆是芬兰人,但当时芬兰仍是沙皇俄国统治之下的自治大公国。他在1906年秋天受命于俄国总参谋部,策马穿越中国新疆调研那边的政治和经济情形,与此同时开展他日记中所称的"军事性质的工作"。他善于把握机会,恰逢芬兰人打算新建一座博物馆,为此他也做了一个考古学、民族学以及人类学的工作计划。芬兰人跟匈牙利人有点像,其祖先是曾经居住在亚洲大草原上的好战部族,因此他们的学者们同样迫切希望对这个地区的民族和历史有更多了解。

曼纳海姆骑行的沿途对路线进行测绘,记录军事情报,除此以外还使用测径器测量人类头颅,搜集从粗制滥造的外科手术器械到擀面杖的所有东西，也收购古物还有写本。由于和阗古物市场现在已经很繁荣了，所以写本大多是从那边买来的。他也在吐鲁番购买了一些，他觉得这边的价钱高出和阗很多。他起初想要从一处遗迹搞走三幅佛教壁画，但后来不打算冒险去搞破坏，决定还是把它们留给那些他称之为"更有资格的收藏者"。他在吐鲁番完成考古工作，此后向东骑行，后来的事情和我们这本书无关了，然而并非没有历史意义。1940年斯大林部队侵略芬兰的时候，这名经历过五次战争的72岁老将卡尔·古斯塔夫·曼纳海姆陆军元帅带领芬兰军队进行了英勇但徒劳的抵抗。33年之前他独自骑马穿越亚洲收获的文物如今依旧能够在赫尔辛基博物馆看到。

到此时，列强争夺丝绸之路珍宝的竞争愈发激烈。我们已经看到了赫定开了头之后，斯坦因、格林威德尔、冯·勒柯克、伯希和以及大谷伯爵的日本人怎样挨个参与"考古活动"。然而除了简要谈到毕里索夫斯基兄弟去过库车（那不过是趟采购之旅，而非考古学方面的探险），对俄国人我们鲜有关注。关于这一点有很多原因。第一，没有哪个脱颖而出的个人；第二，虽然他们比其他人更容易接近遗迹，但却并未找到让人震惊的东西；第三，他们搞走的东西数量不多；第四，尽管他们多年以来早就知道了摆在他们面前的失落的文化遗址，但他们动作太慢。

我们早就提到，知名的普热瓦利斯基上校是第一位报告在中国大漠发现被沙子掩埋的遗迹的俄国人。1876年（刚好是第一位看到这类遗迹的欧洲人约翰逊10年以后）这位俄国人报告称在罗布泊沙漠发现"一个大城市"。然而普热瓦利斯基首先是一名动物学家，对于考古学丝毫没有兴致。他没试图进行探索，而是继续他的行程。第二位找到消失的中亚文化（他准确地将其定义为佛教文化）的俄国人是植物学家阿尔贝特·列格利博士。1879年，他在东天山执行似乎是间谍任务的时候（当时沙皇俄国同大清帝国有边境摩擦），发现了有城墙的雄伟古城哈拉和卓。但因为中国人阻挡，他没能进一步考察。为了前往哈拉和卓，身在吐鲁番的他不得不趁警卫疏忽的时候跑掉。再次回到吐鲁番的时候，他发现他们已经被关押在吓人的竹笼当中接受惩罚，冯·勒柯克后来亲眼见过这样的刑具。回国之后他汇报了自己的见闻，然而19年过去，其间再无俄国人试图前往这一带开展考古学方面的调查。

下一个是德米特里·克莱门茨。1898年他带着自己的植物学家妻子，受科学院与俄国皇家地理学会所派，前去考察一个沙俄陆军军官的报告。报告称整个吐鲁番地区遍布古代遗迹。克莱门茨院士年轻的时候是出了名的革命者，因为这个蹲过一段监狱（他之后想办法逃走），还被流放去西伯利亚。之后才安分下来，成为圣彼得堡科学界的著名人物。他在吐鲁番周围考察了一连串的遗迹，包括哈拉和卓、阿斯塔那（Astana）和交河故城（Yarkhoto），拍下很多相片，绘制了建筑地基平面图，抄录碑文，还收获了写本和古物的样本。他一共数出了130处石窟，其中很多有保存完好的壁画。他搞了一些小壁画下来，这是从这些寺庙墙壁上切下来并转移到欧洲的众多壁画中的第一波。他回到圣彼得堡后，科学院很快发布了关于他惊人发现的消息，在中亚专家和艺术史专家中产生了不小的震动。然而正如我们看到的，这一消息对德国产生了最直接深远的影响。俄国人简直就是把吐鲁番当作礼物拱手让给德国人。克莱门茨的报告不仅用德文出版，之后的一本书同样如此，书中附带大幅折叠的地图，精确标出了他找到的所有遗迹，还有遗迹的照片（当时俄国人用德文或法文出版学术著作并不罕见）。如此一来，俄国人就将潜在的对手招呼到吐鲁番来收获这里丰富的宝藏，而且正是穿过俄国自己和中国的边界过去的，而他们自身却什么事情都不做。

直至1905年毕里索夫斯基兄弟到了库车开始收购古物的时候，政府才成立了一个中亚与东亚调查委员会，开始亡羊补牢。就算是这样，他们依旧心不在焉。事实上，直到1908年（当时英国人、德国人、法国人还有日本人早已稳稳霸占丝绸之路）俄国人才第一次也是唯一一次找到意义非凡的东西，也就是黑水城哈拉浩特（Karakhoto），别跟哈拉和卓搞混。哈拉浩特处在中国邻近蒙古国的地区，可以肯定它就是马可·波罗那长久湮没于历史中的额济纳城（Etzina）。这个地方是普热瓦利斯基的徒弟彼得·柯兹洛夫（Petr Koslov）发现的，或者更应该说是再次发现的，他当时正带领一支探险队考察中蒙边界的部分地区。在戈壁沙漠的一个偏远之处，他和同伴吃惊地发现大漠里面坐落着一个庞大的要塞城镇。柯兹洛夫汇报道："城墙被黄沙掩埋，一些地点的沙子高到能够顺着斜坡走上去进到城镇里面。"然而心里害怕的俄国人还是选择走了西边的大门。"我们找到一处四方形的地方，里面散落着高低错落宽窄不同的建筑物废墟，建筑物脚下全是各种垃圾。"

绿洲上的人们告诉俄国人这城怎样遭到摧毁（如今我们了解到这发生在 14 世纪，也就是马可·波罗之后一百年左右）。这座城最后的统治者"黑将军"自恃手下军队所向无敌，觊觎帝位。中国皇帝派出一支大军，数战之后叛军被围困在城中。由于城垣高大厚实难以强攻，官军决定切断唯一的水源——弱水。他们用上万个沙袋筑坝，改变河流流向（柯兹洛夫为验证传闻实地参观了堤坝）。守城之人渴于无水，于是在城的一个角落挖了很深的井。然而井里不出水，他们只好最后与官军决一死战。黑将军感觉会败，遂将宝藏（据说有 80 车）统统沉到井底。他担心城破后亲人落到官军手里，于是亲手杀死两位妻子和一儿一女。最后他下令在北面的城墙打开一个口子，从这里身先士卒向敌人冲过去。他那曾经无敌的军队被扫荡一空，自己也葬身战场。官军摧毁了整座城，然后试图寻找宝藏，认为它们肯定就在附近。然而没找到，所有后来试图找宝藏的人也都失败了，相传这是因为黑将军在临死之前下了咒。

柯兹洛夫也许未找到这些皇室宝藏，然而他和伙计们在接下来的几天里面发现很多写本、书籍、钱币以及"佛教敬拜用品"，足足塞满了10箱。但此行原本不是考古探险，当时他们在这里往南的地方还有其他任务，于是他们不得不动身。他们决定归程要再次经过这个地方，于是将发现的物品寄给圣彼得堡科学院。柯兹洛夫记述："哈拉浩特遗迹对我们有着难以抗拒的诱惑力，我们每天都聊着那里。"来年夏天回程的路上，他们再次来到那边发掘了一个月。这一回他们在一个公主的墓葬里面找到很多保存精美的佛教绘画，画在丝绸、麻布或是纸上，总计25件，如今在列宁格勒①艾米尔塔什博物馆的一个特殊的房间里仍能见到。他们还发现城墙上头摞着不少石堆，明显是打算在官军进入攻击范围内的时候扔下去的。

  1909年夏天柯兹洛夫与满载古物的驼队离开哈拉浩特返回的时候，第二支俄国探险队由圣彼得堡启程去丝绸之路，这次唯一的目标就是考古。这支探险队由谢尔盖·奥尔登堡院士（Sergei Oldenburg）带领，他是佛教艺术史及印度学的领军专家，在大概20年以后曾惹怒斯大林，结果活下来了。奥尔登堡更像是格林威德尔，他同样谴责转移走大量艺术品的举动，认为应当将东西留置原位，采用摄影、绘画以及测量的方式加以记录。1910年3月回到圣彼得堡以前，他花了六个来月参观喀喇沙尔、库车、柏孜克里克和其他丝绸之路北道的遗迹。虽然他否定转移艺术品的做法，但是并非空手而归。他谨慎地选择带走那些损坏的样本，因为起码能够将这些东西挽救下来用于

---

① 今圣彼得堡。

学术研究。可能正是因为他的克制，不论中国人有什么想法，北京的考古黑名单里面俄国人并没有位列在前。奥尔登堡拿回去的大多是壁画还有造像，其中包括一幅冯·勒柯克觉得破损厉害而丢掉的壁画。这些东西，以及克莱门茨和柯兹洛夫取得的东西，再加上彼得罗夫斯基在喀什收购的古物，如今都可以在艾米尔塔什博物馆看到。除了奥尔登堡1914年前往敦煌的短暂旅行，这些就是俄国人从这个离他们如此之近的地方在考古方面的全部收获。

1910年冬天奥尔登堡回到圣彼得堡不久，日本人橘瑞超出人意料地又在丝绸之路出现。在他跟沙特尔沃思在喀什吵过一架而且英国政府官方谴责他跟野村之后，他本该躲着英国人。结果完全不是这样，他这次甚至选了一位英国人同行。这个神秘英国人到底是干什么的（抛开姓名不谈），以及他同被怀疑是个间谍的日本人在一块到底要做什么，我尚不清楚。有一点能够确认的就是此人注定将孤独悲惨地死去。

当时马继业在英国休完长假返回，沙特尔沃思结束了暂时的代理职务。1911年1月13日马继业收到两份电报，是从东面400英里的库车那边发来的。一份是汉语，由"白胡子"情报网络的人发出。电报指出有一位名叫霍布斯（A. O. Hobbs）的英国旅人在这边染上天花。另外一份由霍布斯亲自发来，是绝望的求救，他好像不清楚自己得的是天花。在电报中他非常难受地描述症状：“皮肤病折磨着我，影响了全身的器官，我每次睁眼只能坚持几分钟……嘴巴和喉咙里面全是黏液，任何东西都吃不了，只能喝下一点点水……十多天持续如此，我一直卧床不起。”不管是他的电报还是"白胡子"情报网络的电报，都没能让马继业（他以知道每个来到中国新疆的人的行踪为傲）猜出此人身份，或是他孤身到访如此偏远地方的目的。马继业让自己的印度医疗人员前往库车，还告诉霍布斯抢救人员已经出发。然而1月16日他收到一份库车中国官员的电报，告诉他霍布斯头天晚上已经离世，而且告诉了他一个令人吃惊的信息，那就是霍布斯是日本考古学家橘瑞超的同伴。似乎是大概四个月以前，两人通过俄国偷偷进入中国新疆，之后由乌鲁木齐去吐鲁番，在那边一起发掘了一段时间，之后两人分开，约定在库车再度集合。橘瑞超赶赴位于遥远沙漠里面的楼兰旧址进行发掘，他当时不清楚自己的英国同伴病逝。

马继业跟当地官员合计将这位英国人的尸体送往喀什下葬，然而因为官僚主义的推脱（或者也可能是担心病菌传播），折腾了近三个月才最终搞定。随后立即举行了葬礼，马继业主持下葬仪式。仪式上出现了一个意料之外的哀悼者——橘瑞超。他在库车听说同伴悲惨死去，就马上赶来喀什参加葬礼。马继业关于这件事的报告如今保留在印度事务部图书馆政治和秘密档案里面，其中的信息也只有这么多了。他是否从橘瑞超那边获知了（按理说他肯定这么做）霍布斯到底何许人也，还有他为何要跟一位声称不懂英语的人一块旅行，马继业没有提及。谈到橘瑞超的时候，他没有讲英国人对他的怀疑，仅仅称呼他为"日本考古旅人"。

阅读这近70年前的密档，人们会感到纳闷，马继业这个如此经验丰富的半个东方人是否压根不了解橘瑞超的双面角色。但是这位年轻的日本人顺着丝绸之路南道继续开展猎宝行动并向他的最终目标敦煌行进的时候，马继业依然派了人跟踪。例如他了解到橘瑞超在和阗附近曾经朝南穿越昆仑山脉进入西藏，驮行李的牲畜统统死掉，用人擅自溜了。当和阗及克里雅的办事大臣劝说他按照驼队的线路走，而且表示倘若他走这个线路乐意提供协助时，橘瑞超却威胁他们，声称要郑重抗议他们的阻挠。如此看来橘瑞超依旧耍着他那恶心的花招，以令人厌恶的态度对待当地人。

1911年圣诞节前夜，橘瑞超抵达敦煌。他在那边找到了正焦急等待自己的日本人吉川小一郎。由于1911年中国爆发革命，很快就波及了新疆，大谷伯爵派吉川前去寻找橘瑞超。当时橘瑞超离开家乡已经有一年多时间，日本人以为他走丢了，担心他或许早就沦为革命的牺牲品。两人在千佛洞待了近八周，从王道士的藏书室那里获得约莫600本宗教文书，大多是佛经。在军队的马车赶来把斯坦因以及伯希和留下来的东西统统带去北京前不久，狡猾的守卫者把这些佛经藏在新造的佛像里面。此刻橘瑞超带着他的秘密（倘若真的存在秘密的话），通过乌鲁木齐乘泛西伯利亚铁路的快车离开了我们的故事。

但在我们最终把日本人放在一边（他们在丝绸之路找到的东

西去向何处,我们后面的章节再讲)以前,必须考虑一下对这整桩离奇事情的一个可能的解释。赞助全部这三趟探险的大谷伯爵是日本净土真宗的精神领袖,然而这并非表示他是个整天祈祷冥想、超脱红尘的和尚。他的宗教地位是继承自过世的父亲,回到国内担任宗教领袖以前,他花了很多时间游历欧洲还有其他地方。他同样是皇家地理学会会员,作为日本人,这在当时难以置信。存档于学会的一张照片里面,他穿着西装,两腿交叉从容端坐,是个淡定自若、很有风度的青年。即便他担负起宗教方面的职责后,仍会将他派去中亚的探险队拍的照片配上简要说明寄给地理学会。这表明尽管他的目的可能主要是寻找自己宗派起源的考古依据,但也对于为地理学知识做贡献有着极其浓厚的兴趣,他也确实做了贡献。我们知道,在1902年大谷第一支探险队动身以前,他的一名年轻的考古僧人曾在牛津钻研了一年的地理学,费用可能均为大谷负担。大谷显然特意培养一批懂得第一手中亚资料的西行探险家来给斯文·赫定、冯·勒柯克以及西藏专家奥康纳上尉(Captain O'Connor)等人充当东道主。他兴趣宽泛,证据之一是他不仅撰写了关于中国瓷器的著作,而且写了两本跟政治相关的书,一本关于中国,另外一本跟中国东北地区有关。

的确,这或许都是特务头目的华丽掩护而已。事实上,如果我们推测这位老辣又政治上敏感的贵族可能为了自己搞些私人情报工作,甚至可能将搜集到的线报情况提供给姐夫——天皇,似乎也并非牵强。然而反过来讲,他没准就是一位热心的日本贵族，通过接触欧洲而对地理痴迷，试图在这方面有所建树。事实上探险的经费令他差点破产，被迫出售别墅，散走一些宝贝。但是只有日本人公布秘密情报档案，或是大谷的亲人肯说出关于他的一切，不然的话他对中亚的真实目的将一直是个谜团。

丝绸之路上的寺庙以及被沙漠掩埋的城市一时平静无事，但没持续多久。位于斯利那加和柏林的两个老对手斯坦因（如今成为爵士）与冯·勒柯克，早就热心筹备再一次的古物争夺。斯坦因特别顾虑的是德国人抢先一步抵达米兰，转移走他1907年找到的壁画，那个时候由于拉姆·辛格突发失明，导致他未能运走那些东西。斯坦因在奇尼巴格写信给一位友人，焦虑地讲："他看上去一定要拿到那些米兰壁画……"不过他不用操心德国人了。冯·勒柯克的探险一开头就困难重重，有中国方面的干扰，巴特斯遇袭，经济窘迫还有差点让他送了命的疾病。这是冯·勒柯克最后一次到访中亚，而且因为第一次世界大战爆发，探险被缩短了。1914年德国人的探险队伍出乎意料的撤走让斯坦因（当年已是52岁，超过了服役年龄）独占丝绸之路。当时他的对手全部撤离了那里，尽管他们的痕迹尚未彻底消失。然而他抵达米兰以后大为诧异，彩色灰泥残片散落得到处都是。很多年之后，在《西域考古记》里面，斯坦因批评"一位光有考古兴趣却缺乏相应的准备、技能和经验的日本青年"。但愿年轻的橘瑞超在从事间谍活动方面（倘若他的确做这行）比从事考古工作方面更在行。

斯坦因在米兰大失所望，但他这次旅程的其余部分得偿所愿。在敦煌他又从王道士那里拿不完的"藏品"里面运走五箱写本（数月之后奥尔登堡在那边不仅弄到不少彩色造像，而且又从他那儿榨出两百余卷写本）。斯坦因转移至哈拉浩特以后发觉柯兹洛夫上校的工作并不彻底，尽管由造像和壁画的损坏迹象判断他挖掘的兴致是很高的。拜俄国人粗枝大叶所赐而留下来的东西让斯坦因十分惊喜。接下来他朝西行进，穿过戈壁沙漠来到吐鲁番。上一回他在这边停留的时间短暂。他预想没准德国人早就把这边全部挖空了。不过两个月后，他带了100多箱壁画动身离开这里，其中很多来自柏孜克里克。

然而斯坦因的事情尚未结束。还有一处遗迹的秘密等待他去发现，这就是从前一直作为吐鲁番地区埋葬死人的地方的阿斯塔那大坟场。此地的存在能够追溯到7世纪，包括一系列埋在地下16英尺的墓葬群。每个墓葬都有一个从岩石中开凿出来的地沟通向地底墓道，墓道终点便是墓室。大部分墓葬里面即便藏过贵重物品，多年之前也早就被盗空了。由于斯坦因没有被当地盗墓者视为竞争对手，他不费吹灰之力就雇了一名业内行家，也就是他所谓"叫人不寒而栗的行当"，带着他走进这座地下死人城开始了可怕的挖掘。不少墓葬就连棺木都被人盗取了，可能是在这个现在缺乏树木的沙漠区域当作燃料用了。

然而斯坦因觉得最有意义的东西未被盗走。他首先找到了中文墓志，上面有每个棺材的墓主的名字、出生日期以及生平。更重要的是找到了很多由尸体穿着的非常古老的纺织品，大多是丝绸，极其繁多的样式中，既有纯中国风格，也有显然源自中东的风格。对纺织历史研究者而言，重要的是能够通过墓志推断纺织品的准确年代。古老精美的丝绸被无礼但仔细地从尸体上面割下来，这为斯坦因重新发现丝绸之路的生涯画上了恰如其分的句号。但是1915年他用45匹骆驼装上壁画以及其他珍宝，花两个月去喀什的时候，他压根不曾想到这会是他最后一趟从中国运走古物。

第十五章

兰登·华尔纳尝试难以置信之事

1923年秋天,两个来自美国的旅行者沿着古老的丝绸之路向西蹒跚而行,他们顶着瓢泼的大雨,蹚过满是淤泥的河流,有时泥浆都没到他们骑的骡子的肚子了。当两人到达一间路边客栈时,全身早已紧紧地糊了一层中国中部的黑泥,他们不得不让仆人用树枝才能刮干净。但是,这还不够惨,他们还要时时面对遭到强盗抢劫甚至被杀的危险,这危险不仅非常现实,而且正在不断迫近。全身沾满污泥的这两个美国人都是东方学家,一位是兰登·华尔纳,来自哈佛大学福格艺术博物馆;另一位是霍拉斯·翟荫(Horace Jayne),来自宾夕法尼亚博物馆。这俩人加上一位随行的翻译王秘书,以及四辆破旧的双轮大车,构成了美国第一支中国新疆探险队。

当时的中国政府指派一队武装警卫人员一路护送他们抵达了西安。这座古城曾是通向罗马的丝绸之路的起点。他们从西安开始，就不得不靠自己了，身边只有一支霰弹枪和一支自动手枪。兰登·华尔纳听从了一位友好的中国军阀的劝说，决定在队伍里的每辆车上都插上一幅星条旗，这样可以预防车辆被中国地方军队征收，而且运气好的话，也能避免强盗们的骚扰。华尔纳和翟荫雇了四个中国裁缝赶制了星条旗，但是，他们俩都不知道自己国家的国旗上到底有几颗星。还好裁缝们解决了这个问题：旗子面积有限，只能有六颗星。

斯坦因带着大量的珍宝最后运离中国已经是八年前的事情了。从那时起，到这次第一次世界大战后的第一只探险队之间，没有考古学家从中国新疆搞走任何东西。这部分是因为战争使得各国中止了所有新探险（战争开始时斯坦因已经在新疆了），部分是因为中国随后发生的政治危机。中国爆发了抵制所有外国人的运动，并且在1925年达到高潮，不仅如此，各地军阀为了争权夺利不断混战，导致中国的法律和秩序几乎全面崩溃。尽管如此，美国人依然决定试一试。本来，首次远征的目标并不是运走大量的文物（他们只是抱着希望），但华尔纳和翟荫也不打算空手而归。华尔纳把这次行动定义为"侦察性的旅行"，也就是说，行动的目的是探究六国考古者发掘过的地方，看看之前的人把文物搬走之后有没有剩余，能剩下什么东西。他们还希望能为艺术史上的一些难题找到答案。难题之一是在哈佛大学实验室的帮助下确定唐代壁画大师们究竟是用什么颜料进行创作的，以及这些颜料是从哪里获得的。

当美国远征队就要离开北京时，关于他们这次行动的明智性和安全性受到了深深的怀疑。《在中国漫长的古道上》(The Long Old Road in China)是华尔纳描写这次行动的书,里面写道:"但是想象力打败了谨慎的建议。来自印度的圣徒们翻过世界屋脊……蒙古游牧民、帝王的大使、印度的绿宝石、中国的东西、马贩子、乞讨的人——比历史还久远的旅行路上的辉煌、肮脏、痛苦和成就,这所有的一切都站在我们眼前,不容否认。"说到肮脏,特别是满是"又跳又爬的大军"的臭气熏天的路边客栈,这俩人即将经历个够。而巨大的痛苦,也将在接下来的很多个月里考验翟荫的勇气。

美国远征队于1923年9月4日在西安和十人武装警卫队分别后,便正式开启了远征之旅。在他们快要出发时,有三个被捆着的犯人在离他们不到一百码的地方被中国士兵处决了,这似乎是在提醒他们在这个地方人命不算什么。华尔纳厌恶地回忆道:"……三个脑袋从不幸的尸体上滚落在地。当兵的将尸体留给别人打扫,转身就走。"但是西安(古称长安)自古以来就与死亡有着密不可分的联系。斯坦因的"主保圣人"玄奘就葬在这里,与一些中国最伟大的帝王和政治家相邻。华尔纳和翟荫向西走出这座被高高城墙包围的古城时,他们注意到路两边全是古墓。华尔纳描述道:"这些坟墓神圣到任何人都不敢在边上开挖,也没人知道坟墓里有多少奇珍异宝。"接着,他用嘲讽的语气写道:"穿过这些一望无际的大小坟墓,让人感到掘墓人们有多么自制。"

兰登·华尔纳是这支两人远征队的领导,但他与伯希和不同。伯希和当时是个尚未获得认可的年轻人，只想一举成名。华尔纳身材高大，一头红发。他42岁，是个老练的艺术史学家和考古学家，在早期日本佛教艺术领域颇具名气。他1903年毕业于哈佛大学后，跟随拉斐尔·庞波里（Raphael Pumpelly）的地质与考古远征队去过俄属中亚。他在那里探访了古丝绸之路沿线的撒马尔罕和布哈拉，还有那时仍处于独立状态的希瓦汗国。他是第一位抵达这一地区的美国人。他24岁时，刚返回新英格兰不久就彰显了自己的英勇：当时一名年轻的军人在火车前摔倒，华尔纳跳到铁轨上抓住他的胳膊使劲冲向一旁，两人最终平安无事。救人之后，华尔纳就消失在了茫茫人群里。正巧，他的见义勇为被一位哈佛大学的教授目睹了，不然别人可能永远也不会知道。教授把这个事情写信告诉了华尔纳的父亲，但是没有直接指出英雄就是华尔纳，仅仅是在信的结尾处写道："华尔纳可能会告诉你。"

大概在那时，华尔纳获得了后来在博物馆与大学的众多岗位中的第一个，他任职期间还定期访问亚洲进行探险。他在哈佛大学开了东方艺术课程，多年之内这是美国大学中唯一开设这门课程的。正因为华尔纳的这一贡献，才培养出了大量的当代美国东方学家。尽管华尔纳在1924年以前没有到访过中国新疆，但他很早就关注这里了。波士顿美术博物馆在1908年借调华尔纳到日本奈良研究日本佛教艺术时，他被邀去新疆探险，尽管给他拨款一万美元用于此次活动，但是因为一些原因没能成行。之后，他在1913年夏受邀到北京筹办一家教授考古学的美国学校（多少参考河内的法国远东学院），中美考古学者都将在这里受培训。底特律的百万富翁查尔斯·L. 弗里尔（Charles L. Freer）是发起办学计划的人，他也是一位东方艺术品收藏家，以他名字命名的庞大收藏现在在华盛顿，以资纪念。

在经欧洲去北京的途中，华尔纳访问了伦敦、巴黎、柏林和圣彼得堡。他和伯希和、沙畹等知名东方学家见了面，还参观了中亚与其他东方艺术品收藏。参观完冯·勒柯克在柏林民族学博物馆中的宝物后（冯·勒柯克当时在中国新疆），他观察到："整体说来，藏品的重要性暂且不提，斯坦因运回的艺术品要美丽得多。"这是我能找到的仅有的由竞争者之一做出的关于不同藏品的比较，但冯·勒柯克由于自身的爱国情怀，坚决认为德国的藏品最优。由于战争爆发，弗里尔在北京办学的计划落空了，但华尔纳却借此机会游历了中国，还到了蒙古，尽管因为名为"白狼"的嗜血地方土匪的恐怖统治，他前往西安的努力受挫。但他在北京再一次见到了临时出任使馆武官的伯希和，这位法国学者建议两人等到战争结束后一起到中亚发掘。华尔纳被这一远景鼓舞，在寄往国内的信中写道："如果我的远征队里有他，就是有了一位世界最著名的学者。"不过这件事最后也泡汤了。现在，华尔纳总算是抵达了西安，并且要带领美国首支远征队（哈佛大学福格艺术博物馆出资的）进入中国新疆。他与翟荫到得很及时，因为中国的大门就要关上。

远征队的第一个目标是哈拉浩特，这座有高高城墙围绕的"黑水城"位于中蒙边境。柯兹洛夫和斯坦因都在这座城里挖掘过。这意味着要顺着古丝绸之路经兰州到肃州（今隶属酒泉），然后离开商队主路，由荒无人烟的戈壁小路抵达哈拉浩特。他们刚一离开西安，便遭遇了连日的阴雨，致使路途有时无法通行。在马上要到兰州的地方，远征队有整整两天都在一间阴暗潮湿的路边小客栈里落脚。为了打发漫长的时光，华尔纳读斯坦因所写的《中国沙漠中的遗址》，他写道："读到妒忌得读不下去。"最终，他们在路上潮湿、疲惫地折腾了14个小时后抵达兰州，就在这时，有中国士兵从暗处冲过来抓住了骡子的头要征为"军用"。华尔纳怒火冲天，抓住离得最近的一个伍长的脖领子，要求见到这些兵所属的地方办事大臣。来到衙门后，他被告知办事大臣在睡觉，只能明天早上见。华尔纳宣称，现在是他起床的时候了，否则洋鬼子们会冲进去帮他穿衣服。这前所未有的恐吓达到了华尔纳的目的。一刻钟后，吓坏了的办事大臣会见了这两个怒火中烧的外国人，他的家具和地毯都被这俩人身上的泥水打湿了。两个外国人要他手下的贼兵归还他们的财产。最终商议了很久，办事大臣决定写个条子命令士兵返还车辆。如果说华尔纳的行为看起来有些专横，这是因为他明白如果拿不回运输工具的话，整个探险就有麻烦了，福格博物馆的投资也危险了。

美国人在远征途中，偶尔会遇到几个在中国的这些偏远而危险地区工作的欧洲人。乔治·亨特（George Hunter）是这些欧洲人里名气最大的一个，他是一位富有传奇色彩的中亚探险家兼传教士，他用57年的时间（除了有13个月被关在苏维埃的监狱里）向中国人传播福音。他将福音书翻译成了三种中亚语言，比任何活人都了解中亚地区。他于1946年去世，葬于乌鲁木齐。这两个美国人是在凉州遇见的亨特，他告诉他们，前不久，中国士兵也找过他的麻烦。但关于这次事件，美国人能从这个生于苏格兰的传教士嘴里得到的只有"这些可怜的年轻人行为粗鲁，喜欢打斗。他们曾有几次要打我，但都被我说服并放过了我"。亨特自1906年就在乌鲁木齐生活，并在此结识了斯坦因、冯·勒柯克和伯希和，所以他听说美国人的计划后显示出了浓厚的兴趣。还有一个来自里昂的法国人，社会地位比亨特低一层，他留着满脸的胡须，是个前铁路工程师，也在西藏卖过表。这个法国人总是描述他的艳俗经历来逗他们开心。

随着他们继续向西，这两个美国人注意到了另一件事。华尔纳回忆道："这些天来，这条大西北的路上似乎有一种神奇的朦胧的感觉，因为有其他的外国人与我们在一起……每家客栈的每个房间里，以及被遗弃的城镇里很多光秃秃的墙上，都写满了俄国人的名字和部队番号，时间已经是好多个月之前了。"他接着说道，两千年以前丝绸之路上的外国人都不及过去的三年多。这些人是白俄难民、平民和士兵，他们为了逃避布尔什维克的统治向东而去。其中的大部分人已经定居在北京和上海，但也有一部分逃向更东。华尔纳写道："……有史以来，第一次有白种男人和光着脚的白种女人在日本城市的路边向亚洲人乞讨。"当时，除去极少数掉队者，几乎所有的难民都已经离开了丝绸之路。但是，他们确实碰到了一个16岁的俄国男孩，他无依无靠，衣着破烂。他们把能省出来的钱全给了那个男孩。华尔纳在有生之年，经常记起那双"明澈的碧眼"，并经常挂念着他"被留在中国北部的寒冬中"后来如何了。

终于，华尔纳和翟荫抵达了长城终点的小城，肃州。在肃州，他们用骆驼替代了骡子，随后向东北方向进发，穿越戈壁沙漠，去往哈拉浩特，也就是马可·波罗口中的额济纳。远征队在离京大概四个月之后，于11月13日抵达了目的地。此时已经快到寒冬了，但是华尔纳不在意刺骨的寒冷与晚上的狼嚎，依旧写信给国内，"这个地方比我想象的可爱……"在他的书中，华尔纳描述了他抵达目的地东大门（约600年前，马可·波罗就通过这座门进入这座曾经繁华的城池）的情景："此时没有守城人对我进行检查；在城楼上，也没有弓箭手探出身来用懒散而好奇的目光看着我；也没有用茶水来欢迎我的客栈……此时正值午后，街上却连个鬼影都没有。"在这片寂静荒弃的废墟的十天时间里，华尔纳一直有一种不安的感觉，觉得这里不是只有他们。

柯兹洛夫和斯坦因这两个比他们早到哈拉浩特的人留下的不祥的印记几乎立即出现在他们面前。美国人失望地发现，大部分明显的废墟都被这两个先行者挖了（以华尔纳的说法就是"砍伐了"），并且将所有壁画在内的任何有价值的文物都运走了。确实，1913年在圣彼得堡时，华尔纳就见到过甚至赞美过那些柯兹洛夫从此处搬走的精美艺术品。这不得不让人纳闷，为什么华尔纳明明了解已经有两批人马挖掘过这里，而且每次都运走了众多的文物，却依旧把第一目的地选在这里。可能是因为他没有充分意识到这座埋藏在沙子底下几个世纪的城市有多大，他自己的小队甚至连开始清理都做不到。尽管他们发现了包括一些壁画残片在内的小艺术品，但结果仍让人沮丧不已。华尔纳自己也承认："远征额济纳的行动表明，想要在这里有收获，需要耗费大量的劳动力与时间。此地已经被柯兹洛夫和斯坦因发掘得十分彻底了，致使后来者几乎寻不到任何东西。"但是如果哈拉浩特仅仅是让华尔纳感到失望，那么对于翟荫就明显是一场灾难。

敦煌是这支美国远征队的下一个目的地。美国人早就通过伯希和的伙伴努埃特拍摄的相片领略了敦煌那雄伟的艺术风采。但是他们现在对于要不要去敦煌犹豫不决，因为哈拉浩特实在令人失望，而且他们深知斯坦因、伯希和、奥尔登堡和橘瑞超都曾经去过那里并运走了所有能够运走的文物。此外，作为一个艺术史学家，华尔纳对文字学家钟爱的手稿毫无兴趣。不过无论如何，现在距离斯坦因的大获全胜已经过去了16年，有谁能保证在敦煌没有其他的文物呢？何况还有其他原因，就是华尔纳在很早之前就有意探寻这座遥远的城市。这座只有极少数东方学专家亲眼见过的壮丽的沙漠艺术长廊，一直吸引着作为艺术史学家的他。再说，哈佛大学的实验室也渴望能够收获壁画用来实验，哪怕是残片也行。探险队此行的目的是为后来野心更大的探险打下基础，所以不用操之过急，起码当时看起来是这样的。

探险队想要从哈拉浩特到敦煌，必须先穿越现在已经冰冻的戈壁沙漠返回肃州，再从这里出发朝西，向那庞大的石窟群的方向前进。在他们启程之时，大雪已经掩盖了"黑水城"，这奇异的景象同时也意味着发掘工作不得不停止了。穿越沙漠的回程比来时艰难得多。远征队踩着满是白雪的大地，冒着刺骨的寒风，沿着冰封的弱水跋涉。很快他们就累得不行，翟荫决定骑骆驼。不过这个决定几乎要命。队伍抵达下一个休整点，翟荫从骆驼背上下来时脸朝地摔下来，站不起来了。华尔纳写道："我将他背向火堆摊平在雪地上，当我将他的皮靴脱下后，看到他的双脚早已被冻僵了。"华尔纳和王翻译赶忙用雪搓了三个小时翟荫的脚（这是冻伤后的经典急救措施，但并没有保住斯坦因的脚趾头）。翟荫一恢复知觉，就由于过度痛苦一下子又晕了过去。华尔纳回忆道："我们狠心继续用力搓。"他们偶尔会让伤员喝一点中国烈酒（这些酒原本是用来加热小应急锅的）。最后，他们把油脂抹在冻伤的部位，希望可以多少挽救一点那已经起了泡的皮肤。华尔纳写道："我们将他的脚底放在我们衬衣里，直接接触我们的皮肤，以便保持常温。全程他都没有抱怨过一句。我用陈腐老套的方式问他感觉怎么样时，他强打精神虚弱地笑了一下。"

这天，华尔纳一夜未眠，一直在想怎样才能送翟荫离开这暴雪肆虐、荒无人烟的地狱到安全的地方。燃料不多了，继续驻扎在这里帮翟荫康复肯定是不行的。翟荫也不能再在骆驼背上颠簸了。他们需要搞一辆马车。他们派王翻译去最近的绿洲不惜一切代价搞一辆来，那里离这儿约有两天的路程。与此同时，翟荫正在发高烧，华尔纳担心他的脚有可能恶化为坏疽。终于，翻译在三天后的深夜带回来一辆十分破烂的马车，还有一个不情不愿的车主。次日，他们就进发了。马车载着翟荫，华尔纳满心不安地在后面跟着。他一边责怪自己竟让这种事情发生，一边又在想，"仅靠一把猎刀，在没有麻药的情况下"可以做截肢手术吗？他们此时的目的地是甘州（今隶属张掖），因为华尔纳知道有位中国传教士医生在那里，大约需要通过沙漠行进十来天。

这趟噩梦之旅因为本地人意料之外的敌意而雪上加霜。一个村子的村民向洋人们发出嘲讽和嘘声；也有人向他们敲诈勒索，甚至直接抢劫财物。远征队头一次面对如此不友善的行为，但这不是最后一次。终于，18天之后，他们抵达了带有城墙的甘州。正好那位中国医生就在城里，这让他们深感安慰。华尔纳用感激的口吻写道："这位医生有着基督徒的品质，并且还有消炎药。"清理了翟荫肿胀起泡的肢体后，他的身体情况渐渐恢复，不用再担心坏疽的问题。翟荫又经过16天的休养，确认自己完全可以继续向敦煌前进了。但是，在抵达肃州后，他明显已经没有气力再继续赶路了。华尔纳写道："翟荫尽管有坚定的决心，但现在连一百码也走不了了。"他已经得了重感冒，这样虚弱的状况下，很容易在丝绸之路沿线脏乱的小客栈里被感染。更为严重的是，中国西北冬天最严寒的时候马上就要到来了。翟荫对此十分沮丧，但不得不同意将从哈拉浩特获得的一点点艺术品带上，慢慢向北京返回。华尔纳与受尽折磨的王翻译在悲伤地作别翟荫之后，踏着被大雪封冻的道路，带着四匹新疆矮马与大车一路向西朝敦煌进发。他们在一个叫安西的绿洲小镇上离开了当时的运输干道，顺着从前十分繁忙而现如今却少有人走过的小路继续前进。终于，在大漠里行进了约70英里后，远征队抵达了敦煌千佛洞。

那个小个子的王道士与以前一样依旧不在，不过这没有吓退华尔纳。他径直来到了绘有壁画的石窟里，除了吃喝与睡觉，在里面一直待了10天，其间极少离开。他在《在中国漫长的古道上》中写道："我只有目瞪口呆……这时我才刚刚醒悟，我为何要渡过大洋，横跨两个大洲，一步步艰难地走在马车旁熬过这几个月。"华尔纳是发掘敦煌的考古学家里艺术素养最高的，洞中数以万计的漂亮图画让他完全惊呆了。他承认："我来敦煌的最初目的是校核文物的年代，也为了可以顺利地反驳一些专家们的观点，同时也为了探究艺术的影响力。此时此刻，我在一间佛堂的正中间伫立，两只手放在衣兜里，思绪万千。"

但是很快，就在他逐一考察每一个石窟时，另一种感情从他的心中油然升起——愤怒。中国政府在两年前将400名越境逃到中国的白俄士兵在敦煌扣留了半年。这些士兵的沮丧和无聊随处可见。华尔纳在给妻子的书信中愤怒地写道："……一些优美的肖像脸颊上乱涂着俄国军队的番号。在一个正在讲读《莲华经》的坐佛嘴里，讲出了几句出自斯拉夫人的脏话。"壁画遭到了俄国士兵的严重破坏，以至于现如今斯坦因和努埃特的相片是许多壁画的唯一记录。他告诉自己的妻子:"我的工作是拼尽全力,从即将到来的毁灭中挽救和保管这些文物。几百年来,这些文物都平安无事,但是以目前的情况来说,它们离末日不远了。"

幸运的是,他带着一种特别的化学溶剂用来分离壁画,这种制剂之前在意大利得到了成功的试验。华尔纳刚开始只是想检验一下溶剂,同时为了进行实验室分析搞少量碎片下来。即便如此,以前的考古队没有任何人敢尝试这样的事情。至于不做的原因,如果不是出于道德观念,就是因为王道士住在这儿,他会巡查保护石窟。但是在目睹了哥萨克士兵的行径后华尔纳的顾虑打消了。他写道:"面对对文化与艺术进行如此破坏的行为,我会连眼睛都不眨地扒光此地全部的壁画。没人敢确定某天中国士兵不会像俄国士兵一样到这里驻扎!……怕是再过二十年,此地就没有什么值得一看的东西了……"他补充道,每个第一次到达此地的朝拜者都会在壁画上留下自己的名字,或者拿走一小块"颤颤巍巍的灰泥"。

但是即便华尔纳现在打消了自己道德上的担心,他还是要与王道士进行谈判。对于出让自己的一些壁画,令人惊奇的是王道士出奇的平静——这是由于在此之前已经给了他许多礼物。但是华尔纳说出有关塑像的要求时,他表现得更加顽固。最终,王道士在确定了这些"疯狂的洋人"要的不是他自己搞的那些崭新而又光彩夺目的塑像后,答应将一尊旧塑像——一尊高约三英尺的跪姿唐代圣人像给美国人。这尊像如今是福格博物馆里最珍贵的藏品之一。

华尔纳现在准备好去做那件他之前难以置信的事——将一部分无价的敦煌壁画搞下来。尽管王道士并没有反对这一做法（这也许是由于之前没人表现出想要搞下来这些壁画，所以王对它们的价值还没有意识），但美国人却遇到了一个此前不曾设想的阻力——自然的威力。处在寒冬时期的敦煌温度低于零度。令华尔纳很失望的事情发生了，他爬在梯子上把化学溶液涂在一幅壁画上，刷子还在他手里，结果那些液体还没来得及渗进墙面并将脆弱的灰泥固化，就已经冻住了。还有那吸满了胶水的纱布（华尔纳原本想用这些纱布将壁画粘住，随后把壁画从墙上剥下来）还没来得及完全粘在壁画上，就被冻得发硬了。不过，经过五天的努力，华尔纳还是把12幅中型壁画剥了下来。华尔纳谨慎地把历史最悠久和最漂亮的壁画留在原处，只搞走了那些已经遭到破坏的优秀作品的残片。尽管如此，他说："也是十分珍贵的文物。在美国人们还从来没看到过这样的东西。同时，将这些壁画与德国人在新疆土墙上锯成方形运回去的壁画做比较，可能会让他们很嫉妒。"即便这样，华尔纳在那五天里还是怀着忐忑的心情。他明白自己的所作所为可以说是太肆无忌惮了，同时担心技术一旦失败会给壁画带来更严重的损坏。

不过他最终完成了这件事。每一幅粘在浸透胶水的布上的8世纪的宝贵的壁画都用毛毡小心地包好，再用木板夹住，这是为了在用没有弹簧的马车将他们运往北京的两个月途中提供缓冲以对抗颠簸。华尔纳不确定实验室是不是能将那些胶布从精美的壁画上揭开（后来 12 幅里面有 11 幅被成功地揭下），因此在给国内写信时要求千万别对赞助者提壁画的事。同时，那尊同样脆弱的唐代陶塑在经过中国腹地那糟糕地形的漫长、缓慢而颠簸的东运途中也得到了保护。在这里要做一点说明，华尔纳说："这尊身着百衲衣（一种和尚们经常穿的奇特的服饰）的神仙塑像本来就遭到些损害。"华尔纳用内衣和袜子包它，最后又加上了自己的羊皮裤子与毯子。他补充道："尽管我在回国的路途里没有内衣与袜子穿了，但它们避免了塑像艳丽光滑的皮肤与开裂的颜料遭到破坏，这让我的内心十分温暖。"

华尔纳运送着他宝贵的成果安全返回了北京。此时距离他和翟荫去年秋天从这里出发，已经有九个月的时间了。即便遇到了很多困难，还有对哈拉浩特深深的失望，但远征的结果已经比较成功了，没有哪家博物馆有他运回来的艺术品，与此同时，哈佛小小的福格收藏馆因为这些艺术品，在东方学领域盛名永存。华尔纳决心要率领一支更加庞大的远征队，尽快重返敦煌，停留更久的时间。他说："我们可以从那些墙上发现中国绘画风格的起源，这也是后来超越我们所有人的山水画派的起源……"将那些古老的艺术成果详细研究半年，就能回答关于敦煌艺术大师们的很多问题。而且，如果幸运的话，福格少量的中亚艺术品收藏还会在下次远征后得到扩充。但是，如我们所见，第二次福格远征以惨败收场。

第十六章

中国人关上大门

尽管美国人仍未明白，但随意参与中亚考古的年代几乎结束了。30年之前，斯文·赫定首次勇敢地走进塔克拉玛干沙漠。从那之后，但凡有人希望去丝绸之路沿途那些失落的城市还有废弃的寺庙，可以说是畅通无阻。他们不需要付钱就能获取佛教艺术珍品。对于斯坦因以及冯·勒柯克这样的人，这是一段漫长的田野工作时间。但是到了如今，外国考古学家的时代要结束了。1924年冬天，为了救生病的同事，华尔纳在途中遭遇的各种冷眼可能已经让他明白大门正在关上，并在决定回去之前三思。

然而1925年5月30日那天却出现一桩始料未及的事情。上海租界的英国巡捕头目下令开枪射击不愿散去的中国游行学生。11个学生死亡，大多是从背后被子弹击中的。针对外国人的愤怒浪潮席卷了中国。华尔纳带领的一支规模比较大的远征队此时刚抵达北京，他记录道："学生在上海遭枪击的事情犹如野火一般烧遍国内。"身处偏远城镇的传教士与其他外国人纷纷逃往滨海城市。华尔纳的远征队抵达了敦煌,并打算在敦煌进行长达八个月之久的工作,但此时也遭到了农民们的敌意,这些农民在去年还对他们表示过欢迎。

福格探险队显然希望此次不仅要对石窟进行艺术史研究,并且要偷走更多的敦煌壁画。此次行动,华尔纳不仅带来了在珍妮特·米尔斯基看来有些不道德的"好几桶胶水",他的7人团队中还有丹尼尔·汤普森(Daniel Thompson),这人就是一年前教会他固定剂的使用方法的年轻壁画专家。为了防止汤普森的配方再出现冰冻的情况,华尔纳决定在春天到访敦煌。

尽管对于他们的这次行动北京方面并没有表现出反对,不过远征队现在突然注意到,他们每前进一步,不仅会遭到群众的敌意,还会遭到地方政府的阻挠。他们不得不打消在千佛洞中展开工作的所有期望,更别提运走什么东西了。远征队别无选择,只能撤离到其他不是很重要的地方。但是即便在这样不重要的地方,他们也一样遭到敌意。华尔纳说:"处境变得十分危急。大概有十几个农民放下自己的事情,跟了我们近15英里监视我们的活动,而且千方百计引诱我们做出犯规的事情,以找到借口攻击我们,或把我们赶出这个地区。"美国人努力控制自己的行为,以免极端的不满情绪引发暴力。他继续说道:"一步走错,甚至是怒视他们,都可能捅了马蜂窝,可能让我们全丧命。"在北京的友人现在开始发电报劝远征队取消这次行动。此外,关于他们的目的已经有了各种带有敌意与煽动性的流言。

出生在俄国的艺术家尼古拉斯·罗伊里奇（Nicholas Roerich）在一年后途经乌鲁木齐时，在日记里记录道："关于敦煌壁画遭到抢劫的奇怪消息传到了我们耳朵里。"流言称，有几个来自美国的艺术品贩子参观了石窟，并将"很多箱壁画"运走了。

不过，罗伊里奇在乌鲁木齐听到这些奇谈怪论很久以前，华尔纳就已被迫取消了福格博物馆的第二次探险行动，承认这不过是一次惨败。他在此次行动里只收获了别的一些石窟的相片，这些东西的意义是不能与敦煌相提并论的。他的气愤，与其说是冲着当地满怀敌意的农民的，不如说是冲着医生兼学者陈博士。陈博士与远征队一同从北京启程，表面上是帮远征队解读敦煌碑文，以及处理些旅途中可能出现的问题。不过在抵达目的地两天后，他说母亲生病，坚持要求以最快速度回到北京。此后，陈博士出版了一本书。他说他是为了防止美国人的盗抢活动才随队而行的，这是他的唯一目的。华尔纳完全有理由认为就是这个陈博士激起了当地群众的愤怒，他一发现自己任务完成就返程回家了。

但即使遭到了这么大的挫折，福格博物馆还是渴望收获更多的中国新疆宝贵文物。华尔纳返回之后两年左右，一支德国地质远征队在偏远且没人守卫的拉瓦克和丹丹乌里克搞走了一些文物（收藏于如今的德国不来梅）。福格的受托人们可能是受到了这意料之外的成功的鼓励。表面上看来，德国人可以不费力地得到那些文物，是由于这偏远的西部地区还没有受到抵制外国人思潮的影响。但德国人在的时候抵制的思想已经存在了，这使得他们不得不赶紧撤离，不过福格的受托人可能还没认识到这一点。

显然，由于华尔纳实际上成了一位不受欢迎的人，所以不可以再让他去往中国，尽管他是自己人。但有人想出了一个好主意：为什么不与对中亚考古驾轻就熟的奥里尔·斯坦因爵士商讨一下，试一试可不可以劝说这位退休了的67岁老者代表福格再远征一次。如果这位在中国新疆朋友和关系众多的人都做不到的话，那就没人做得到了。斯坦因答应试一试。筹得了约两万英镑（尽管那时华尔街崩盘了）之后，1930年4月斯坦因抵达了中国首都南京，想办法让中国政府同意他去新疆做最后一次探险。尽管北平古物保管委员会（这个压力团体坚持任何考古活动都不能掌握在外国人手中）提出了强烈反对，但是斯坦因最后还是想办法逼迫当时的南京政府允许他访问中国新疆开展发掘活动。考虑到中国的专家已经由于斯坦因和伯希和偷走敦煌手稿而气愤异常，这一决定可能很令人惊讶。然而，斯坦因因为他明显轻易取得的成功而得意，他马上折回到印度，1930年夏天从那里向喀什进发。

但他不知道的是，那时的中国知识界开展了一场猛烈的运动，提出撤销他的签证，以阻止他的远征。中国的报纸也不断发表文章攻击他，并要求将他从中国驱逐出去。尽管斯坦因比华尔纳难缠得多，而且他有很多来往密切的老朋友在中国地方政府身居高位，但是最终他的对手们胜利了。不过这时他已经在塔克拉玛干的绿洲旅行了将近两千英里，还在接连不停的反对中为他的赞助人进行测绘并收集了所有他能搞到的少得可怜的考古材料。但是,他此次进入中国新疆的最终后果是,政府要检查他发现的所有物品,并只有在获得批准后才能让他运出中国。因此,远征 7 个月后,他最终被迫放弃,返回印度。他获得的极少一点东西,包括从他最喜欢的地方尼雅找到的 3 世纪手稿,也不得不留在喀什。这是斯坦因最后一次见到这些手稿,也是他最后一次见到中国新疆。中国人最终对他关上了国门。斯坦因的绝唱以失败告终。不过回想他取得一系列成就的那些年,不但让他自己声名远扬,并且让所有除了福格之外的赞助人都非常满意,他就应该感到知足了。

福格的受托人们决定聘用斯坦因之前,很可能不仅研究了华尔纳的经验,还研究了另一位著名旅行家斯文·赫定的经验。这位瑞典旅行家在 1926 年冬天接受了政府的邀请,并获得了德国汉莎航空公司的资金,重返中国。那时他的主要任务是完成一条自柏林开始通过乌鲁木齐抵达北京的新航线的勘探工作。除了航空专家,与他一同前往的,还有一支装备了气象、地质以及考古和古生物方面的设备的小型科学团队。赫定等人在抵达北京之后十分震惊地发现,中国的知识界与报纸将其视为敌人。中国人告诉他们,自己的国家不需要外国人来帮忙勘探。当地的报纸报道说,外国飞机是用来将中国的大批珍贵文物偷偷运走,这样一来,赫定只好彻底放弃使用飞机。总的来说,赫定花了接近六个月时间重新商定各项条款,才得以继续远征。信念没那么坚决的人早就打包回家了。最终,中国坚持赫定要在他的人之外再带十名中国专家同行,因此考察队要更名为中瑞考察队，而且，考察队寻得的每一件古物都是中国政府的财产。而这时中国政局已经混乱到了危险的程度，队员们每人都不得不带上一条步枪、一把左轮手枪和八百发子弹（他们之后用上了）。但尽管这样装备，赫定领导的此次一直延期的行动还是因为各种各样的因素死了八个人。虽然存在着诸多困难，考古专家们依然获得了一些发现——以写本与纺织品为主。不过这些东西当然不会归赫定。随便劫掠的时代结束了。从此开始，就算有人去挖，也是在替中国挖。即便存在将文物带走的人，其数量也肯定是寥寥无几。

中亚历史当中最为奇特的一章目前接近尾声。然而故事尚未收场，依然存在两个疑问有待解开。很多年之前，斯坦因、伯希和、格林威德尔、冯·勒柯克、橘瑞超、华尔纳和其他人从丝绸之路古城里面搞走的大量壁画、造像、写本还有其他文物如今位于何处？这一帮冒风险拼尽力气大胆盗走文物的考古英雄（或者说恶棍，这取决于你的观点），后来又怎样了？

西域（按照斯坦因用的术语）的珍宝与写本，如今遍布于十几个国家的博物馆以及文化机构。在这些国家里，文物又散落在30多个机构当中。藏品分布有多有少，位于伦敦、柏林和德里的最多，而巴黎塞努奇博物馆与堪萨斯州纳尔逊画廊仅有一幅画和造像。但是尽管在西方及其他地方有多到令人吃惊的丝绸之路珍宝，到底多少人听过西域艺术、敦煌甚至奥里尔·斯坦因呢？又有多少人见过米兰或克孜尔伟大的佛教壁画？见过精美的五彩丝绸（世界上最为古老的贸易路线由此得名）？见过丝绸之路寺庙和石窟里那些精美的唐代造像、旗帜与卷轴？

悲哀的是，答案是极其少。原因是，除了一处明显的例外，那些拥有重要丝路藏品的博物馆是大部分人接触不到的，包括德里国立博物馆、西柏林印度艺术博物馆、东京国立博物馆以及列宁格勒艾尔米塔什博物馆。另外，尽管大英博物馆拥有大量西域文物，而且几乎每个人都能进去参观，然而它展出的部分却极其少。斯坦因找到的古物有很大一部分在英国，却被装箱放在地下室，公众无法参观。而且在很小的中亚展室当中连一小块丝绸之路的带花纹的丝织品都没有。

不能因为这种凄惨的状况去过多埋怨博物馆。由于博物馆越大，其藏品综合性越强，留给某类特殊藏品或者文化的空间就会越小。假使斯坦因为刚建立的福格博物馆服务，我们能够设想在这所很小却野心很大的博物馆里面，斯坦因取得的宝物必定有足够的地方展示。这不由让人觉得，他从中国挖掘古物只是为了把这些物品又埋进布鲁姆斯伯里。有人会认为，这为下面这种看法提供了有力的证据，即博物馆应该将全部不会用来展出的文物（比如这些）归还给来源国。毕竟国家博物馆（跟国际性质的博物馆不一样）总是会腾出更多空间展览自身文化的藏品，与此同时可以投入更多资源来保护它们。

相反，我们不太能指责德国人把冯·勒柯克的珍宝藏起来。事实上，冯·勒柯克自己当上旧民族博物馆馆长之后，下令展出他找到的古物。之后他又加上13个房间来展出吐鲁番文物收藏。遗憾的是，一些超过10英尺高的最大的壁画被粘在了墙上，固定在铁框里。那个时候没有人能够预先知道，这直接导致它们在十五年后的第二次世界大战中遭到摧毁。战争爆发以后，全部可转移的物品，包括小幅壁画以及造像都装入箱子里面。出于安全的考虑，一些文物藏在柏林动物园的大型地堡当中，其余部分放在德国西部煤矿下面，还有一些放在特意筑牢的博物馆地下室中。

然而最大的壁画难以转移去安全区域。它们不仅牢固地粘在墙上，而且倘若想运走，不得不先再次将它们切成几块。最终博物馆员工用铁罩还有沙袋覆盖在上头，以此阻挡爆炸气浪的冲击。"此外，"一位西柏林博物馆高级官员跟我讲，"他们只能向上帝祈祷，保佑它们免受破坏。"但是他们的祈祷未能获得上帝的同情。这所博物馆挨着现在的柏林墙，1943年11月23日至1945年1月15日期间，被盟国空军轰炸了至少七次。最大的28幅壁画（差不多全来自柏孜克里克）被完全摧毁。这些壁画之前历经战争、地震和反对偶像崇拜的人为破坏，幸存了一千年。如今剩下的只有冯·勒柯克第一次探险拍下的照片，以及俯瞰森其姆峡谷的那些石窟墙上的大洞。

人们听说柏孜克里克伟大的佛教杰作遭遇令人震惊的损失，都觉得冯·勒柯克的所有珍宝都毁于盟军对柏林的轰炸了。中国人也相信是这样，并以这一损失为依据，激烈反对有关冯·勒柯克与斯坦因搞走丝绸之路古物事实上是"挽救"它们的说法。柏林藏品到底有多少损失？西柏林新建的壮观的印度艺术博物馆馆长、德国艺术史学家赫伯特·海尔特博士（Herbert Härtel）判断，约60%没有遭到损毁，有幸保留的这些如今全部在这座博物馆内展览。倘若人们质疑这一数据，他大可开车前往西柏林树荫浓密的郊外，亲自去这座博物馆所在的达勒姆（Dahlem）看看有多少东西幸存下来。我见过的全部中国新疆艺术收藏当中，西柏林博物馆是保存最多的，也是展出最好的。哪怕是不那么重要的古物也在地下室得到了很好的展出，预约后就可以参观。

海尔特博士是一位杰出的印度学家，前德国空军飞行员。他对战时损失进行了以下估计：冯·勒柯克与格林威德尔运回的620幅完好或残缺的壁画里面大概有300幅幸存下来，保存状况不一，大部分破损已经修复。战前珍藏的290件泥塑造像约有175件幸免于难。其他幸存的东西，例如陶像、青铜和木制造像、钱币，还有绘制在丝绸、纸张和木板上面的画作，估计近80%保留了下来。冯·勒柯克与格林威德尔运回的写本中有极少部分存放在旧民族学博物馆中，大多放在了普鲁士学院用于研究。战争期间这些物品转移到安全地带，如今在东柏林。

然而并非全部损失都是因为美国人轰炸导致的（海尔特博士不经意原谅了英国皇家空军）。1945年动物园地堡（有一些珍宝放在里面）落到俄国人手中时，它的秘密很快就暴露了。如今人们知道起码八箱或是九箱陶像（只有俄国人知道准确数字）装上货车被运走。他们还从民族学博物馆中再次劫掠了很多重要的印度雕塑，这些雕塑是为了安全原因存放在那儿的。尽管西德政府要求归还，但和特洛伊的黄金一样，再没人见过或听过这些新疆或印度的雕塑。但是俄国人劫掠的大批其他艺术瑰宝（尤其是那些欧洲绘画）早就送回去了。没有人清楚，或许俄国人盘算未来某天用这些物品跟德国（或更为准确地说——同中国）换点什么。

从中国弄走文物量的第三名是大谷的三趟探险。不论日本人的本意如何，他们的确发疯似地开展挖掘，他们的劲头总是比知识多。这些东西运到京都大谷伯爵的别墅后去向如何，就算是日本学者也很难搞清楚。事实上部分文物的去向至今依旧是个谜（尽管一些文物很可能落入了俄国人手里）。没有人比东京国立博物馆东方艺术部负责人杉山次郎博士更了解大谷这些珍宝的命运了。是他第一个暗示我，大谷的人除了考古也许肩负其他任务。这种说法使我去印度事务部图书馆里面的政治和秘密档案搜索，并进而找到沙特尔沃思上尉奇怪的报告。

杉山博士指出，没人准确知道这些藏品最初的数量。大谷的人里没有受过训练的考古学家，他们没对发现的东西进行适当的记录，也从没有对总体进行编目。尽管大谷自己对此出版了两卷著作（那种摆在日式咖啡桌上的有很多古物图片的书），但书中没有相关描述，所以对现代的研究者几乎没有价值。或许因为斯坦因在敦煌找到的东西在日本引发轰动，大谷的一些藏品（大部分是壁画和造像）早在1910年在京都博物馆举办过展览，尽管此时三趟探险刚完成了两次。现在已经找不到展品目录了，研究者只好通过那些亲眼见过或是听说过展品的人的回忆来探究到底展出了什么。

很快这些藏品开始四散（橘瑞超早就私藏了一点）。大抵是由于大谷伯爵财务方面突如其来的压力，他卖掉了藏着很多宝贝的别墅。尽管他自己留下几百件，送给京都博物馆249件，但其余大多成为新房主的资产。此人原是日本大藏省大臣，而且是个富人。相传为了获得采矿的权利，他将这些东西转给当时的日本驻朝鲜总督，用来充实在汉城建立的新博物馆。大谷伯爵或许由于无处存放或自己没办法展览，随后将仍在自己手里的一些（并非全部）转给中国东北的旅顺总督，给那边的博物馆用于陈列。两次交易的后果就是原始藏品中流落在日本之外的远远超过留在日本国内的。按照杉山博士的估计，约莫三分之一在朝鲜，三分之一在中国东北，剩余的才在日本。而在日本的部分依然在不断四散，当中有不少已经流入个人收藏。

全部这些东西如今到底下落如何？在朝鲜战争期间汉城博物馆两次易手，现在幸存下来的珍宝装到箱子中，在储藏室里，数量大概在400～500件之间，其中最为重要的是约60件壁画及残片。金铨文博士（1945年到1970年之间担任博物馆馆长）相信汉城壁画仅次于柏林和德里（斯坦因），是世界上第三重要的收藏。他们已然有长远打算，在馆内新建展室。最后，期待大谷的珍宝将会在这里展出。然而韩国人对人类的和平天性不像冯·勒柯克那么有信心，他们决定这些壁画必须保持随时可动，不能像旧柏林博物馆那样不可逆地固定在墙上。

鲜有人清楚旅顺珍宝的下落（至少西方研究者不了解），杉山博士跟我说，他觉得1955年5月俄国人最终把中国东北还给中国人的时候或许已经转移走了所有东西。① 在莫斯科和列宁格勒问到这件事情的时候，俄国人则缄口不言。然而大谷那帮神秘的年轻僧人进行的艰苦挖掘并没有全白费。倘若去东京的国立博物馆，参观环境优雅、安装新式空调的东洋馆，或称东方文物馆，人们能够欣赏到大谷藏品剩下的三分之一，它们得到了很好的陈列。里面有大谷个人收藏的还有他存放于原京都博物馆内的东西。这是多年以来日本政府代表东京国立博物馆从私人收藏家以及保存相关古物的机构买下的。最终，1968年为了庆贺博物馆新成立的东方美术展室开张，特意举办一次展览，所有这些东西重聚在一起。之后他们又补充了一些伯希和从敦煌运出的部分丝绸旗子以及陶土造像，还通过交换从法国吉美博物馆获得了一些。如此一来，大谷伯爵去世20多年之后，他与那些精力充沛的年轻僧人对考古的极大热忱给人们留下了不错的纪念（然而考虑到他们如此不称职，这份纪念多少有些受之有愧）。

艾米尔塔什博物馆有八间屋子用来展示丝绸之路的珍宝。柯兹洛夫、奥尔登堡以及毕里索夫斯基兄弟的工作成果在这里得到了同样的纪念。在吉美博物馆中，有永久以伯希和命名的展厅，作为他永久的纪念。在位于马萨诸塞州坎布里奇的哈佛大学福格美术馆，骄傲地展出着兰登·华尔纳的敦煌壁画，他的考古功绩以此受到认可。赫定的珍宝在斯德哥尔摩崭新又壮观的新民族志博物馆永久展览。只有在英国，马克·奥里尔·斯坦因爵士的突出贡献完全没有得到承认。甚至印度人也在德里

---

① 这些藏品大部分而今仍在旅顺博物馆，保存良好。

昏暗的展厅内挂了一张斯坦因像，他所找到的中亚的美丽壁画就在这里，旁边的印度国立博物馆里有他发现的小一些的物件，可见他在这里还是得到了大度的认可。或许他归化的那个祖国——英国，在未来某天能够不止为他，更是为那些创作了他找到的作品的无数无名佛教画家和雕塑家正名。

但是，斯坦因以及其他人从新疆和甘肃的寺庙里劫掠的不只有绘画、造像和其他艺术品。中国人最后加以制止以前，他们也运走了大量的写本及古代雕版印刷的书籍，这些东西最后怎样了？斯坦因弄走的数量最多。三趟探险当中他运走的写本和书现在分别位于大英图书馆以及伦敦的印度事务部里。汉文、粟特文、维吾尔文、西夏文文献在前者；藏文、梵文、和阗文等归后者。可以理解的是，除了大英图书馆知名的《金刚经》，剩下的都不对外展出，因为对于外行人而言，东方写本之间看上去都差不多。此外，长期暴露在紫外光以及布卢姆斯伯里（或黑衣修士区）的污染之下只会加快藏品劣化。

敦煌十分宝贵的（而且仍然很有争议的）汉语写本和书籍都曾经在大英博物馆的纸箱里面存放了许多年，如今都转交给了大英图书馆。这 13 000 多件文物都在一排特制的展室里，待在空气被过滤、温度严格调控的温和环境中。里面大概 7000 件（都是完好无损的）已进行编目。剩下的大多只是残片，依然放在很多箱子里面，等待辨识。尽管大英博物馆目前未开展针对这些东西的工作，但是不少日本学者去伦敦特意研究这批古代典籍。当中有一位日本人一生都在研究《莲华经》。大英图书馆启动了一项保护计划，避免这些写本受到破坏。过去，大多物品的现状是中国人心头之痛，因为他们深信敦煌写本（尤其是中文写本）是属于他们的合法财产。然而，随着两国关系日益改善，关于为了保存中国写本应该用什么方式和材料，英国已经寻求并获得了北京的意见。人们进行了实验，使用特制的烤箱加速老化，在二十四小时内就能取得一百年的效果，这一实验表明人造纤维的寿命短，通常劣于古代中国人使用的天然原料。

有关大型机构怎样管理藏品姑且谈到这里。如今成千上万来自中国新疆的写本最起码散落在八个国家的机构里，它们用各种不同的语言和文字写成，很多仍有待翻译。破解一件写本或是翻译一件藏品，或许会耗费一个人一辈子的工作时间。一位印度学专家对我解释道："一个世纪里面可能仅有两人可以承担这样的工作。在此之前这些写本只有等待。"其中一个这样的人是英国学者哈罗德·贝利爵士（Sir Harold Bailey）。他耗费一辈子功夫解读神秘的古和阗文。如果有谁试图理解这些写本对研究中亚和佛教历史的贡献，可以看一看贝利、翟林奈、韦利、马伯乐（Maspero）、列维、寇瑙（Konow）、穆勒（Müller）、亨宁（Henning）、赫恩勒、伯希和与沙畹等人发表的很多译作、编目、专著及其他专业研究成果。

结束关于写本的话题以前，再谈谈研究者们（特别是赫恩勒）难忘的另外一种特殊藏品。大英博物馆仓促回收了"古书"，而半文盲的和阗猎宝人阿克洪承认这是自己伪造的。1979年有人又在大英博物馆地下室的两个标着"中亚伪造品"的木箱子里重新发现了它们，现在所有这90本伪书都被编目，转交给大英图书馆。查看这些久被遗忘的东西，不免要对它们复杂的来源、整洁且很有说服力的"未知文字"大为震惊。对于外行人（可能也对大多数学者）而言，翻书的痕迹、看起来很古老的纸、褪色但看上去深奥的文字，这些看起来都太让人信以为真了。连专家都被这位狡诈的造假者玩弄了，所以我们称他为天才或许也并不为过。他也多少得到了纪念——大英图书馆东方部的一个小角落里，阿克洪那些曾经受到追捧的"古书"就放在敦煌写本旁边，留给后来人。

如今我们谈论完从中国新疆搬走的主要藏品的下落，用埃里克·台克满爵士的说法，是"中国永久丢失的那些被驼队运走的无价珍宝……"然而故事的主人公们还是要有个退场。奥里尔·斯坦因爵士（可能是最首要的人物）现在埋葬在兴都库什山脚下喀布尔的一座有土墙围绕的基督徒墓地里，周围是同样将阿富汗作为旅程重点的嬉皮士们的墓。1943年，这位82岁的中亚考古元老在喀布尔去世。这个地方对他而言是十分合适的安息之地。他在40年间曾反复向阿富汗人申请允许他考察这个国家——他丝绸之路之旅中断掉的一环。终于，他在钟爱的克什米尔边界的帐篷里坐着工作的时候，申请获批。然而到了喀布尔一周他就死了，先是感冒，之后突然变成肺炎。东方学家丹尼森·罗斯爵士（Sir Denison Ross）写道："具有他这样各种探险能力的人实在罕见。这个杰出的匈牙利人是两个国家的骄傲，是所有人的奇迹。"尽管斯坦因是英国公民,他却从未完全忘记降生的国度。他生活方式简朴,攒下大概5.7万英镑,其中大多用于成立一个继续进行中亚研究的基金。他的一个要求是,只要有可能,应让英国或匈牙利学者开展研究。

斯坦因最为强劲的对手(起码就古物数量而言)要属冯·勒柯克。他比斯坦因早13年去世。这位德国人死于1930年4月,恰逢斯坦因去南京商议注定要失败的第四次也是最后一次探险之时。冯·勒柯克唯一的儿子在第一次世界大战法国战场牺牲,为此他大受刺激。他一辈子亲英,然而却发觉自己成为战前那些朋友的敌人,比如马继业还有斯坦因,这同样令他万分悲伤。最重要的是,德国财政崩溃,导致他经济方面破产。他唯一的安慰是为自己最爱的珍宝在民族学博物馆布展,哪怕是因痛苦且无法治愈的疾病而倒下的时候,他仍然经常兴奋地从病床上艰难起身,带特别的客人或友人观赏这些藏品。当发现自己命数将尽时,他瞒着妻子弄来了一些有黑边的信纸,在信封上写下很多朋友的地址。写给这位德国同行的悼文里面,伯希和谈起当他打开一封这样的来信时,发现里面是冯·勒柯克自己的死讯。

格林威德尔约莫五年以后去世,那时他是个悲伤心碎的人。他卷入了和同事们的争吵,这使得他杰出的职业生涯开始动摇。其中和他的下属穆勒的争吵在于,是谁最先识别出一些吐鲁番写本与摩尼教有关。他还是穆勒?其他德国学者支持穆勒,结果导致格林威德尔丢了名声。他在同事之间愈发孤立,很快他的职业判断力也开始遭到质疑。一位悼文作者说,他在晦涩的理论里面找寻避难所,"专家们跟不上他"。这差不多是在说他近乎精神错乱。一位不怎么讲情面的评论家指出,格林威德尔后期有关中亚佛教图像学的著作是"一本充斥疯癫妄想的宗教历史小说"。格林威德尔在一间精神病院中死去。离世之前他成为一个充满深切愤恨、孤独且失望的人。但是就像一位悼文作者指出的:"不能因为他最后几部著作中的混乱贬损他更早期杰出且可靠的作品……"但起码他跟冯·勒柯克(甚至是活到1941年的巴特斯)没有遭受目睹自己的博物馆被摧毁的痛苦。

斯坦因离世两年以后,也就是1945年,伯希和死于癌症。他不仅被公认为是法国一流的汉学家,同样还被西方全部汉学家视之为师。一位法国同事记述:"没了他,汉学研究就像孤儿。"同年,马继业因战争被困在泽西的家中,当时德国人占领了那边。5月,德国人投降没几天,他也去世了,终年78岁。

多年之前的1931年,敦煌狡诈的老道士王圆箓死去了,埋在自己热爱的石窟旁边。他带着怨恨走完了最后的日子。他感到气愤的是为将剩下的写本转移到北京(拖了很长时间终于运走了),政府承诺补偿他一些费用(而且的确给了),但这笔费用却没了。就像长途跋涉运向东边的众多写本一样,这些钱在转手的时候不断被弄走,最终什么也没给他的修复工程剩下。他可能笑到了最后——即使是在坟墓里面。20世纪40年代中国考古学家在石窟中找到了另一个装有写本的密室,这是他未雨绸缪狡诈地瞒过政府藏起来的。1948年美国艺术史学家艾琳·文森特(Irene Vincent)到访敦煌时,听说那里还有一间藏着写本和画作的密室。而近至1977年，一个瑞典的东方领域的书商开售的书目里还有几本敦煌文书。

如今，中国政府已经接管了王道士自命为保护人的千佛洞，他们加固了崖壁墙面上开裂的地方，修复了正在慢慢剥落的壁画，在很多壁画后面还找到年代更早的壁画。终于，举世闻名的千佛洞再次找回以往的光彩。政府承诺给王道士修缮庙宇的钱最终到位了，敦煌得救了。

此处已经没有什么要多说的。开启这一切的先锋斯文·赫定比除了兰登·华尔纳之外的所有追随者活得都久（兰登·华尔纳比他小16岁）。1952年，这位孤独且被人遗忘的杰出瑞典探险家在斯德哥尔摩离世，终年87岁。他的人生悠长灿烂。三年后，最后一个参与古物争夺战的华尔纳去世，他也是当中唯一失败的人。

如今这位美国人很难认出他那"漫漫古道"。寺庙以及驼队驿站让位于人民公社与拖拉机厂。现代化的高速公路将绿洲城镇联系在一起。穿过喀喇昆仑山口的一条新公路上行驶着机动车。在马可·波罗那闹鬼的罗布沙漠的中心，偶尔能够听见远方核试验的轰鸣。即使是吞没整支旅队的最恐怖的沙漠——塔克拉玛干沙漠，也不再恐怖。飞机与人造卫星揭开了剩下的谜题。它正在被土地开垦计划蚕食。马继业一家长期居住的奇尼巴格早已丧失了地位。如今这里是长途卡车司机的招待所，但浴室依然有英国制造的水龙头，还有个卫生间叫"维多利亚"。然而充满回忆的时代在1979年夏天落幕。那时，首个英国旅行团冒着艳阳在千佛洞下了大客车。丝绸之路最后的神秘和浪漫一去不复返。

出版后记

中国作为历史悠久的文明古国，是全世界海外流失文物最多的国家之一。而在众多流失文物中，丝路文物又具有异乎寻常的地位。它们为理解中国古代史，特别是亚欧大陆文化传播史提供了重要甚至是独一无二的素材。

本书讲述的主题正是丝路上的文物流失。作者并没有将斯坦因、伯希和等人视为浪漫主义的英雄，而是站在情感的立场上，同时基于文物保护和历史研究的角度，批评了这些半是学者、半是劫匪的"考古英雄"。这些"丝绸之路上的洋鬼子"之所以能够屡屡得手，一方面由于当时的中国还缺乏历史和文物保护意识；另一方面也因为国力衰微，内乱频仍，无暇他顾。正如本书作者所说，大量的文物没有得到系统全面的研究和展示。许多文物一旦脱离了它原有的环境，其历史意义和艺术价值也将大打折扣。因此，无论从哪个角度看，文物流失都造成了难以弥补的损失。而今，我国已经具有了保护与研究文物的技术条件，我们需要的更多的是热情、责任感与公众意识，而这些，正是我们希望通过出版这本书来传达的。

这段历史不应被忘记。

图书在版编目（CIP）数据

劫掠丝绸之路 /（英）彼得·霍普柯克著；张湘忆译. -- 北京：九州出版社，2020.12（2023.3 重印）
ISBN 978-7-5108-9637-8

Ⅰ. ①劫… Ⅱ. ①彼… ②张… Ⅲ. ①丝绸之路—文物—掠夺—研究—世界—19 世纪 -20 世纪 Ⅳ. ① K871.6

中国版本图书馆 CIP 数据核字 (2020) 第 194252 号

Foreign Devils on the Silk Road by Peter Hopkirk
First published in Great Britain in 1980 by John Murray (Publishers)
An Hachette UK Company
Copyright © The Estate of Peter Hopkirk 1980
The moral right of the Author of the Work has been asserted in accordance with the Copyright, Designs and Patents Act 1988.
Simplified Chinese edition copyright © 2020 Ginkgo (Beijing) Book Co., Ltd.
All rights reserved.

著作权合同登记号：图字：01-2020-6386
审图号：GS（2020）6376 号

劫掠丝绸之路

作　　者	［英］彼得·霍普柯克 著　张湘忆 译
出版发行	九州出版社
地　　址	北京市西城区阜外大街甲 35 号(100037)
发行电话	（010）68992190/3/5/6
网　　址	www.jiuzhoupress.com
电子信箱	jiuzhou@jiuzhoupress.com
印　　刷	北京盛通印刷股份有限公司
开　　本	889 毫米 × 1194 毫米　32 开
印　　张	8.25
字　　数	164 千字
版　　次	2020 年 12 月第 1 版
印　　次	2023 年 3 月第 4 次印刷
书　　号	ISBN 978-7-5108-9637-8
定　　价	66.00 元

★ 版权所有　侵权必究 ★